资助项目：江苏省高校青蓝工程资助项目
江苏省333高层次人才培养工程资助项目

# 利用压电超声导波时间反转法的管道结构裂纹监测研究

Research on Pipeline Structural Crack Monitoing by Using PZT-based Ultrasonic Guided Waves Time Reversal Method

赵乃志　殷红花　著



化学工业出版社
·北京·

## 内容简介

本书为对管道无损检测领域一些前瞻性研究的探讨。本书在国内首次对崇业埋地管道结构的裂纹监测进行了理论和试验研究，开发了一套快捷准确的试验系统，对准确判断管道结构完整性、提高其监测水平具有重要的现实意义。本书的主要内容包括：推导出管道超声导波的时间反转聚焦基本公式；对窄带激励信号激励下的超声导波信号聚焦进行了理论分析和试验研究；对超声导波不同模态下空管中各种裂纹的敏感性进行了理论分析和试验验证；根据三维弹性波动理论，通过在土中波的标量势中引入第二类 Hankel 函数，对管道-土体系中的导波传播的波动方程进行了求解。

本书可供结构、机械、石油、市政等结构健康相关领域的研究人员、技术人员以及从事相关研究的在校师生参考使用。

**图书在版编目（CIP）数据**

利用压电超声导波时间反转法的管道结构裂纹监测研究 / 赵乃志，殷红花著. —北京：化学工业出版社，2022.1（2024.1重印）
ISBN 978-7-122-40223-3

Ⅰ.①利… Ⅱ.①赵… ②殷… Ⅲ.①超声检验-管道检测-研究 Ⅳ.①U178

中国版本图书馆 CIP 数据核字（2021）第 227150 号

责任编辑：彭明兰　　文字编辑：冯国庆
责任校对：李雨晴　　装帧设计：刘丽华

出版发行：化学工业出版社（北京市东城区青年湖南街 13 号　邮政编码 100011）
印　　装：北京科印技术咨询服务有限公司数码印刷分部
710mm×1000mm　1/16　印张 10　字数 181 千字　2024 年 1 月北京第 1 版第 2 次印刷

购书咨询：010-64518888　　售后服务：010-64518899
网　　址：http://www.cip.com.cn
凡购买本书，如有缺损质量问题，本社销售中心负责调换。

**定　价：78.00 元**

# 前　言

本书主要内容是对压电超声导波时间反转法在管道结构裂纹监测中的应用进行研究。与传统的管道结构常规超声无损监测过程相比，时间反转法可以很好地解决传统方法中聚焦点散焦，形成相差畸变、图像失真和模糊的问题。结构健康监测的超声导波时间反转处理可以使复杂的信号实现信号聚焦或重建，且参与的传感器数量越多，聚焦效果越明显；信号复杂程度越高，聚焦前后信号的反差越大。本书在国内首次对充液埋地管道结构的裂纹监测进行了理论和试验研究，开发了一套快捷准确的试验系统，对准确判定管道结构完整性，提高其监测水平具有重要的现实意义。本书的研究成果可以概括为以下几个方面。

① 根据时间反转方法基本原理推导了超声导波时间反转聚焦理论公式并进行了试验验证。对单个以及多个压电传感器在板中的信号时间反转聚焦过程进行了试验研究，实现了对窄带超声导波信号的时反聚焦，为后续试验奠定了基础。结果表明：板中聚焦信号分为两部分：第一部分为零时刻主波峰，该波峰为监测信号中多个模式的聚焦，也是各监测信号的聚焦，波峰幅值显著增大；第二部分为旁瓣波峰，各旁瓣出现的时刻也不尽相同，互相之间不会发生叠加，有时甚至会互相抵消，主波峰信号显著突出。

② 研究确定合理地选择在管道中传播的超声导波模态和激励频率的基本原则，使其频散最小，以简化管道超声回波信号分析的复杂性。根据频散曲线的模态特征及管道径向位移和应力分布曲线，确定导波的模态和激励频率，通过截止频率计算和频散曲线比较，确定激励频率盲区的范围；根据信号的频谱图和激励脉冲的宽度来确定激励信号的周期数。多个单音频叠加信号经 HANNING 窗调制窄带激励，既可以提高信号强度，又可以增加导波的传播距离。结果表明：周期数目高的信号，频带窄，有利于频率控制；周期数多，在时域内信号持续时间长，波形易叠加，一般折中选择。

③ 根据脉冲回波法，分别对无损管道、含周向裂纹管道、含轴向裂纹管道和含不同夹角的斜裂纹管道进行了数值模拟。给出了 L(0,2)模态和T(0,1)模态导波在管道中传播的可视化结果，并对导波在有损和无损管道中的传播情况做了分析。对各种损伤信号进行时间反转处理，并进行了比较。对含裂纹管道模拟的结果表明：导波在缺陷处不但发生反射和透射现象，而且还会发生模态转换，其转换的模态多为弯曲模态；当激励的导波能量相当时，时间反转导波监测方法获得的信号中缺陷回波的幅值将比直接导波监测方法获得的大，因此对小缺陷的监测能力增强。缺陷造成的模态转换现象和时间反转信号取点率是决定时间反转聚焦增强监测能力的重要因素。

④ 利用压电超声导波对管道结构中缺陷进行监测的试验研究。分别在管道中激励 L(0,2)模态和 T(0,1)模态的导波信号，对管道中存在的周向裂纹、轴向裂纹和斜裂纹分别进行监测，确定缺陷所在位置以及各模态所敏感的缺陷形式。试验结果表明：将各时间反转激励信号单独激励再叠加的方式可以增强导波缺陷监测能力，并将此过程称为近似时间反转监测。信号经时间法反转处理后，无论对于周向裂纹、轴向裂纹还是斜裂纹，缺陷反射系数都较直接导波监测方法有所增大，说明时间反转方法有利于小缺陷的监测。同时在信号中出现了许多其他模态的波包，会对信号的判读造成一定影响。在管道参数等条件相同的前提下，模态转换现象越严重，时间反转法越能在更大程度上提高原有导波缺陷监测的能力，这与数值模拟得到的分析结果是一致的。

⑤ 推导出了充液埋地管道的频散方程，计算了管道中不同模态的频散和衰减等特性。随着频率的增加，模态衰减值也相应增大，同时导波波长变小，对缺陷更加灵敏。由于衰减随频率增大而增大，监测距离也随之缩短。因此，在工程实际中需要根据监测需要，进一步选择频率和衰减适中的纵向模态用于该类管道中不同类型的缺陷监测。建立了一套试验系统，对导波在管道充液埋地状态下的传播特性进行了研究。对充液埋地状态下的管道进行了试验研究，并将时间反转法在充液埋地管道结构健康监测中进行了应用，对理论分析得到的结论进行了验证。

著者

2021 年 12 月

# 目　录

# 第1章　绪论

## 1.1 研究背景及意义

19 世纪中叶，管道运输业开始兴起。在随后的一个多世纪里，由于对油气资源的大量开发和市场对能源需求的急剧增加，使得管道在运输领域的应用得到了飞速的发展，成为与公路、铁路、航空、水运并驾齐驱的五大运输业之一，在国民经济建设和国防工业中发挥着极其重要的作用[1]。与其他几种运输方式相比较，管道运输具有明显的不可替代的优点：

① 管道运输安全性好、连续性强，管道多为密闭输送，且埋在地下，与外界的接触极少，大大降低事故的可能性和对环境的污染；

② 管道运输建设周期短、费用低，占地面积少；

③ 管道运输过程完全密闭化，耗能远低于铁路和公路运输的损耗；

④ 管道运输不受恶劣气候及外界条件影响，可以全天候运行，而暴雨、暴风雪等许多恶劣气候或洪水、泥石流、滑坡等自然因素都可能影响地面和水面运输的正常进行。

目前我国每年新铺设几千千米的油气管线，随着西部开发、中部崛起及东北振兴等开发战略的实施，我国对管道运输的需求将更加迫切。然而现今我国大部分油气管线进入“中老年”阶段，处于事故多发期，一旦发生事故，都将会产生严重的后果，不但会造成人员伤亡和财产损失，也会对环境和生态造成严重的破坏。如图 1.1 和图 1.2 所示是 2010 年 7 月在大连发生的石油管道爆炸产生的火灾现场及所造成的海面油污污染。

在电力方面，我国 70%的电力来源于火力发电，而每一机组都由成千上万根管道组成。为了能让机组正常运行，需对管道进行 100%的探伤，工作量是非常庞大的。在城市供水系统方面，据国际给水协会（IWSA）1997 年的调查报告表明，由于供水管道的损伤造成的泄漏量占供水总量的 20%～30%，有些陈旧的给水管道系统则可达到50%。因此，研究各种运输管道的健康监测评价技术，及时发现管道的损伤，进一步排除隐患，对确保管道结构的安全运行具有重要的实际意义。

图 1.1 管道泄漏引起火灾后的现场

图 1.2 海面油污污染

目前，用于管道无损监测的技术有五种[2]：漏磁法、超声法、涡流法、射线法和磁粉法。这些方法都有各自的优点，但都只能对被测结构进行逐点扫描，监测速度很慢，很显然是不能对几万千米长的管线进行监测的，并且也很难对埋地或水下管道进行监测[3~6]。

能够进行快速、长距离、大范围、相对低成本的无损检测方法成为未来的发展方向。超声导波（Ultrasonic Guided Waves）技术由于具有在传播路径上的能量衰减小、传播距离远，可以实现大范围、全方位的管道监测的优点，所以成为研究的热点。

目前，该领域的研究多集中在柱面超声导波，研究表明：柱面超声导波对管道周向缺陷较为敏感，但是对轴向缺陷却不敏感。因此，在监测管道中是否存在纵向缺陷时，多采用周向超声导波。纵向导波和周向导波的产生方法与激励的方式有关。与传统的超声波技术相比，超声导波技术具有两个明显的优势[7]：首先，导波在波导中传播时，能量衰减较小，传播的距离更远，且在接收点接收到的导波信号包含的信息比较完整，通过信号分析可以得到整个管道的损伤状况，所以监测的范围是沿着整根管线而不是一个点；其次，导波在波导中传播时，可引起管壁所有质点的振动，根据不同振动形态可以对管壁表面以及管壁内部的缺陷进行监测。超声导波监测技术不仅可以高效、快速、经济地监测出管道中存在的缺陷，而且导波易于激励和接收，因此受到很多学者的关注，同时对实际工程应用也有很重要的意义。

压电陶瓷是一种智能材料，可以嵌入基体结构内部，也可以耦合在结构表面作为传感器或作动器。因此，它不仅具有驱动的能力，还能感知外界环境的变化及自身的实际状态，并能根据自身的感知做出判断，发出指令，实现动态或在线的监测。由于压电智能材料的使用，结构健康监测技术得到了迅猛发展。压电陶瓷制造简单、强度高、耐湿、耐热、频响宽，另外所特有的压电效应，使得它既可作为传感器元件，也可作为作动器元件。锆钛酸铅压电陶瓷（PZT）是压电陶瓷的一种，它具有更好的机电耦合系数、压电常数、居里温度和稳定性等。因此，PZT 被广泛地用于结构健康监测中。

本书充分利用 PZT 的特性，将其作为作动器和传感器，用于管道结构的超声导波损伤监测。将 PZT 元件固定在管道结构表面，施加一个交变电压使其振动，在管道结构中产生超声导波，并通过被测位置的 PZT 传感器接收到的信号，利用现代信号分析技术对结构做出损伤识别和结构健康监测判别。

## 1.2 研究历史和现状

### 1.2.1 国外研究历史和现状

20 世纪初，国外学者开始对超声导波无损检测技术进行了研究，对不同波导中弹性波的传播特性进行了理论上的研究，研究的波导从无限介质发展到板状材料，又进一步发展到在管道中传播的柱面导波传播理论，更接近于实际的应用。直到 20 世纪 60 年代，才开始进行导波传播理论的试验研究。

（1）导波理论的发展

最初，人们对导波的研究主要集中在板状波导中，并获得了很多的理论成果。随着研究的深入，发现在空心圆柱壳中传播的导波更具优越性，自此在板波的理论基础上开始了对空心圆柱中导波的研究。

Lamb[8]对各向同性板中的导波进行了研究，并推导出了该状态下的 Rayleigh-Lamb 超越方程，确定了板波波数与频率的关系。Chree[9]对无限长的圆柱杆中导波的传播进行了研究。

Ghosh[10~13]首先对空心圆柱壳中的导波进行了求解，并得到了纵向模态的数值解，但是并没有进行数值分析，也没有对得到解的正确性进行验证。Gazis[14,15]在已有成果的基础上，分析了板壳理论的不足，他首先对平面应变假设条件下的空心圆柱壳体展开了研究，假设圆柱壳为平面应变状态，推导出了管的频散方程，提出壁厚与内径比越小，则圆柱壳中弹性解越接近于 Lamb 波的解；比值越大，则接近于 Pochammer 的解。他又对无限长的各向同性的圆柱壳进行了求解[16]，并得到了纵向和扭转模态的频散方程，通过数值计算，绘制了导波的频散曲线，得到了各模态的截止频率。Armenakas[17]对圆柱壳中弹性导波传播理论做了更深入的研究，提出在管道结构中传播的导波具有多模态特性，并以相速度频散曲线说明出现的模态。Ditri[18]指出，频率和该频率下出现的模数决定了导波模态的特征。目前，主要利用数值分析的方法对超声导波进行理论分析。通过计算机模拟，可以得到任何一种模态的传播特性，对指导试验具有很大的意义。不同缺陷对不同模态导波的反射和透射，也可以通过数值模拟进行研究，主要涉及遇到缺陷后导波能量的变化、缺陷形式导波反射和透射系数的影响等。Alleyne 和 Cawley[19]采用纯时域的有限元法研究了 Lamb 波与不同深度、宽度和倾角裂纹的相互作用。Rose 等[20]利用边界元法研究板波反射和透射时，对缺陷形式进行了分类。Cho 和 Rose[21]用边界元的数值分析方法和标准模式延伸相结合的技术研究了在板壳结构边界处的 Lamb 波模态转换以及 Lamb 波与表面缺陷的相互作用。Rose 和 Zhao [22,23]研究了导波在板中散射时，利用标准模式延伸和边界元相结合的方法确定波板结构中二维缺陷的大小。他们把这种技术应用于检测平板中任意形状三维缺陷，检测结果也比较理想。

迄今为止，虽然已有很多人对超声导波的性质和功能进行了大量的理论研究，但是对于实际不同工况的结构理论研究得还不够完善，还需要进一步研究和探讨。

（2）管道结构导波试验研究状况

由于对高效、快速、经济的管道无损检测技术的需要，国外学者开展了将超声导波技术应用到管道结构监测中的研究。1963年，Fitch[24]在圆管中激励出了简单的导波模态，得到了不同模态的频散曲线。Silk 和 Bainton[25]利用压电式作动器在带有裂纹的蒸汽管道内部激励超声导波，得到了 L(0,1)模态的导波，并对管道结构进行监测。Brook 等[26]通过在管道端部施加轴向载荷，激励出了 L(0,2)模态的导波，对管道结构缺陷进行了检测。以上试验均证明了超声导波在监测管道损伤中的可行性和有效性。Cawley 等[27~35]对超声导波监测技术进行了改进，并应用到某工厂的管道损伤监测中。他们利用超声导波在管中遇到缺陷会被反射的原理，对管道存在单一缺陷情况进行了监测，并通过发射信号和接收信号的时间差来确定缺陷的位置。他们在有限元模拟的研究中，分析了导波在管道中的反射、透射和模态转换现象。L(0,2)模态在一定的频带范围内，群速度变化很小，接近于非频散且与其他模态的传播速度相比最快，Lowe 等[36]提出了用 L(0,2)模态进行长距离管道监测。他们还利用同一种模态的导波对焊点、棱边和圆管进行了试验，对焊点和棱边对导波反射系数的影响进行了研究，试验中发现 L(0,2)模态能在干湿隔离情况下传播。

Alleyne 等[37]提出用反射函数来表征缺陷敏感性，并且采用70kHz 单音频导波信号作为激励频率对管道进行了缺陷监测试验，并且采用数值模拟对试验结果进行了检验。另外，在长钢管中的缺陷监测中，Park 等[38]采用对称模式的超声导波进行了检测，同时进行了数值模拟分析，试验和数值模拟结果均表明：对称模式的导波对管的表面缺陷最为敏感，对称模式信号能量损失最小，数值模拟的结果与试验结果比较一致。

美国的 Rose 和 Zhao[39]则对管道弯曲部分出现裂纹的损伤进

行了监测研究；英国的 Aristegui、Lowe 和 Cawley[40]将管道内部充满液体，利用导波对其进行损伤监测。利用超声导波在管道中传播的弯曲模态对管道进行损伤监测的研究也有文献报道。Shin 和 Rose[41,42]为了在管道中激励出 L 模态的对称导波和 F 模态的非对称导波，通过在管道表面局部加载，并且不断改变加载条件的方式展开研究。目前，研究导波激励和接收方式的重点还主要集中在利用 PZT 传感器和电磁传感器上，此外也有人通过激光来激励和接收导波。国外学者在导波的激励方面已经取得了比较多的研究成果，比如利用梳状传感器在板中激励轴向导波，在管道上激励单向导波，采用传感器阵列技术获得的效果也比较理想。

综上所述，开发在导波理论和试验数据的基础上，结合实际工程，在复杂和多变的现场条件下的便捷、快速、低成本监测硬件和软件，使导波检测技术最终走向工程实践，这是未来研究的热点和方向。

### 1.2.2 国内研究历史和现状

国内学者对超声导波的研究起步较晚。同济大学声学研究所的刘镇清[43]较为全面地介绍了圆管中的超声导波及其在管道无损监测中的应用，总结了近年来国内外有关超声导波技术、声发射技术以及信号处理等方面的研究成果，并进行了不同管材及形式的试验研究。他得安[44]研究了管材内径与壁厚之比对导波频散特性的影响。

何存富、吴斌等[45]概括了应用于无损监测中超声柱面导波技术，对其应用和研究现状做了进一步的概括，介绍了导波所具有的多模态特性和频散特性。焦敬品、何存富等[46]也对应用到管道损伤监测中的超声导波监测技术做了归纳、总结和展望。李衍、强天鹏[47]介绍了在监测长距离管道时所采用的新技术，并提到这些超声导波监测新技术已被成功地应用于实际的石油、化工、电站、煤气等管道监测中，大大降低了因管道损伤而出现重大事故的可能性，具有非常重大的意义。

程载斌、王志华、马宏伟等[48]研究了超声导波健康监测技术在管道中实际应用的研究进展，重点评述了导波技术在管道损伤监测中的应用，主要内容涉及应力波在管道中的传播特性、试验监测方法及对接收信号的处理方法等，对这一研究领域的未来发展进行了展望并进行了对管道中的纵向轴对称导波监测裂纹的数值模拟。简述了近年来超声导波技术的发展现状及其监测原理，并用有限元程序 ANSYS 对管道超声纵向导波裂纹监测进行了数值模拟。数值模拟结果与前人试验结果及理论计算结果吻合较好。

何存富、刘增华、王秀彦等[49~51]以带有弯头的管道结构作为被测对象，利用超声导波技术对弯管缺陷损伤进行了数值模拟和试验研究。通过采用沿长度方向伸缩 PZT 传感器在管道周向上均匀布置，形成一个 PZT 激励环，可以激励出某一频率下的纵向 L(0,2)模态，对在弯管中存在的周向缺陷进行了检测，研究了缺陷反射系数和透射率及端面反射率在横向裂纹尺寸改变时的影响，并且研究了弯管中出现多个人工缺陷的情况。试验结果表明，超声导波监测技术可以监测出弯管中存在的缺陷，而且可以监测出多处缺陷以及不同形式的缺陷，为今后在更为复杂的管道结构中利用超声导波监测技术对其进行损伤监测提供了一定基础。在利用有限元方法对带有缺陷的弯管的导波监测中，介绍了模型的建立方法、加载方式的选择以及在后处理中数据的分析等。在弯管中存在一处缺陷和存在两处缺陷的情况下，数值计算得到的结论和试验所到的结果基本吻合，表明了试验的正确性，即有限元法可有效地模拟出导波对弯管的损伤监测。

张伟伟等[52]利用有限元的方法研究了导波监测信号在不同的噪声干扰下的相关性，得到利用阈值法处理接收到的信号，其结果很好地抑制了噪声的影响和模态转换，可以在线监测管道中存在的腐蚀类缺陷。目前，越来越多的学者将有限元分析应用到管道损伤监测中。孙广开、焦阳等[53]通过删除模型中的单元制造缺陷，利用 L(0,2)和 T(0,1)模态的导波作为激励信号，准确定位了缺陷位置。李睿智、何箭等[54]则借助有限元软件，模拟磁场来确定缺陷的位置。王秀彦、孙雅欣等[55]借助 ANSYS 分析软件对带有缺陷的弯管进行了超声导波监测的数值模拟，并对 ANSYS 进行了二次开发。何存富、李伟等[56]模拟了利用扭转模态的导波对管道进行监测，其中管道的缺陷以轴向裂纹的形式存在，模拟结果表明：32.6kHz 的 T(0,1)对缺陷较敏感。李勇攀、王寅观、赵亚军[57]通过数值计算研究了管道中 SH 周向导波的频散特性，结果表明：高阶模态的导波更易发生频散现象，并且频散的程度要大于低阶模态。禹建功等[58]利用周向导波对各向异性的圆柱板进行了数值模拟，找出了适用于监测此类构件的频率和模态。李隆涛等[59]模拟了周向导波在圆柱体中的传播形态，得到频率一定时，周向导波径向位移的变化关系。刘增华、何存富等[60~62]研究了在充水情况下和在带有包覆层的条件下管道中纵向和周向导波。研究结果表明：扭转模态 T(0,1)可以监测出充水管道中存在的缺陷，在充水管道中同一模态的导波在不同频率范围内，传播特性差别很大。在带有包覆层的充液管道中，导波的频率选择不同时，对缺陷的监测能力差别很大。

## 1.3 基于压电材料的结构健康监测

具有压电效应的压电材料被用到结构损伤监测及健康监测领域中，使得工程结构损伤监测和结构健康监测进入新的阶段。国内外利用压电陶瓷对结构进行健康监测和损伤监测的方法主要有两类：主动监测和被动监测。根据识别方法不同，主动监测分为波动法和机械阻抗法。被动监测主要利用声发射技术。根据需要，可以将压电陶瓷元件粘贴在结构表面或是或埋入结构内部。

### 1.3.1 基于压电材料的被动监测

压电材料具有高阻抗性，所以不适合测量频率太低的信号，更不能用于测量静态值。其对应变的高敏感性，使得在被动监测中，压电材料多被应用在对结构的动态监测中，例如对受冲击荷载作用结构的识别以及利用声发射技术的裂缝开裂监测等。

有些情况下冲击荷载对结构会产生很大的影响，在航空航天领域更是如此。因此，很有必要对冲击荷载的作用及所产生的结构变形进行监测和识别。压电材料对应变的高敏感性和响应快的特性，使其在监测冲击荷载中常被采用。基于压电陶瓷的健康监测和损伤诊断方法见表 1.1。

表 1.1 基于压电陶瓷的健康监测和损伤诊断方法

<table>
<tr><th colspan="2">方法</th><th>粘贴结构表面</th><th>埋入结构内部</th><th>特点</th></tr>
<tr><td colspan="2">被动监测</td><td>环境荷载下结构变形监测，冲击荷载监测</td><td>环境荷载下结构变形、冲击荷载监测</td><td>节省能源，进行结构整体损伤识别</td></tr>
<tr><td rowspan="2">主动监测</td><td>阻抗法</td><td rowspan="2">结构表面及内部损伤</td><td>—</td><td rowspan="2">需要主动激励源，能够进行局部损伤诊断</td></tr>
<tr><td>波动法</td><td>结构内部损伤</td></tr>
</table>

### 1.3.2 基于压电材料的主动监测

压电材料在主动监测中也能体现出很好的性能，主要包括以下两种方法。

（1）波动法

基于压电陶瓷的波动法是指与结构耦合的压电陶瓷作动器激励的信号将会被监测点的压电陶瓷传感器所接收，根据响应信号的变化来判断结构的损伤状况。该方法由斯坦福大学的 Chang 等提出，他们利用埋入复合材料内部的 PZT 传感器激励不同的应力波从而实现对结构进行损伤监测，由此波动法分为纵波监测、Lamb 监测等。本书中所采用的均为波动分析法。

（2）机械阻抗法

机械阻抗法主要利用压电材料的力-电耦合特性，综合考虑了压电材料的动态特性和被测结构的阻抗。如图 1.3 所示为 PZT 元件作为驱动器的弹簧阻尼模型。PZT 片被输入交变电压后，将会产生高频振动，由于 PZT 片和结构耦合在一起，所以也耦合了周围结构振动的信息，通过测量 PZT 片的阻抗特性便可得到结构的振动特性。高频振动下的 PZT 片所产生的应力波波长较短，所以可以监测结构中的微小裂缝。但由于应力波衰减较快，所以只能用于监测 PZT 片周围区域结构的损伤状况，该方法只能用于监测局部损伤。

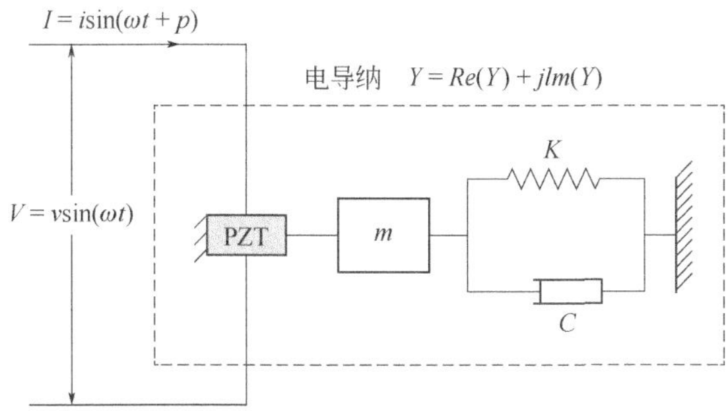


图 1.3 PZT 元件作为驱动器的弹簧阻尼模型

随着超声导波技术研究的不断深入，相应的检测仪器也相继出现。而国内现有的导波检测仪器发展得比较缓慢，大部分需要依赖进口，并且在技术上无自主的知识产权，价格又颇为昂贵，在后期维修服务上也要花费很长的时间，这些因素都严重阻碍了该技术在国内工业领域的推广。因此，新的管道大范围超声导波检测技术的研究，以及具有自主知识产权相关检测仪器的研制，成为目前国内导波研究领域共同关注的问题。本书也是基于以上原因开展研究的。

## 1.4 主要研究内容及特色

通过查阅大量的国内外文献，笔者对利用超声导波的结构健康监测技术及压电材料有了深入的了解。本书在前人和本项目研究团队已经获得的研究成果的基础上，以 PZT 作为传感器，利用超声导波时间反转技术对传统的导波检测技术进行改进，对管道裂纹损伤进行比较全面的研究，研究的主要内容如下。

① 介绍了压电材料以及所特有的压电效应，超声导波的基本概念与基本特性。

② 利用各向同性空心圆柱壳中导波传播理论，推导出周向导波和柱面导波的频散方程。并通过数值计算得到频散方程的近似解，绘制了管道中各模态的频散曲线。对圆管中的 L 模态、T 模态和 F 模态做了模态分析，用于指导试验和模拟中模态及频率的选取。

③ 采用信号分析原理，分析了时间反转方法的基本原理，推导了超声导波的时间反转聚焦原理和过程，对窄带激励信号激励下的超声导波信号聚焦进行了分析；对单个以及多个压电激励传感器在板中的信号时间反转聚焦过程进行了试验研究，实现了对窄带超声导波信号的时反聚焦，为后续试验打下基础。

④ 根据脉冲回波法，在无损管道中激励 L(0,2)模态导波，根据给出的公式对本书中绘制的频散曲线进行验证。对所做的试验研究进行数值模拟，给出 L(0,2)模态和 T(0,1)模态导波在管中传播的可视化结果，并将模拟结果与试验结果进行比较。同时对各种损伤信号进行时间反转处理，并进行了比较。利用时间反转方法在时间、空间上的聚焦效应，一方面可使时间反转激励信号中的多个导波模态同时到达缺陷处；另一方面也将原本分散在管道截面的能量汇聚于缺陷位置，使监测能量增加，因此对小缺陷的监测能力增强。

⑤ 利用超声导波对管道中缺陷进行了试验研究。分别在管中激励 L(0,2)模态和 T(0,1)模态的导波，对管中存在的周向裂纹、轴向裂纹和斜裂纹进行监测，确定缺陷所在位置，以及各模态所敏感的缺陷形式。

⑥ 对导波在管道充液埋地状态下的传播特性进行了分析。计算导波在该结构中不同模态的频散和衰减等特性，在充液埋地状态下进行了试验研究，并将时间反转法在埋地充液管道健康监测中进行了应用，对理论分析得到的结论进行了验证，从而为将超声导波无损监测技术应用在工程实际中的管道完整性评价提供一定的依据。

本书的主要特色如下：

① 作为对超声导波的改进方法，将时间反转法应用于管道结

构的裂纹监测中，在国内外采用较少；

② 用超声导波对充液埋地状态下的管道进行了监测的试验研究，并将时间反转法在埋地充液管道健康监测中进行了应用，国内未见这方面的报道；

③ 研发出一种基于 PZT 传感器的方便、实用的管道结构裂纹监测系统。

本试验拟在沈阳建筑大学结构工程试验室进行，将对这套系统进行检验和测试。

理论分析、数值计算以及试验研究三者相结合是本书研究的特点。以理论分析作为试验和数值分析的理论指导，通过数值分析对理论分析得到的结论进行验证，以试验验证作为进一步推广研究成果的基础。研究重点是埋地管道的理论分析、空心管道和埋地管道试验验证三个关键环节。

## 1.5 本章小结

本章首先对研究的背景和意义做了简要的介绍。之后对国内外导波理论和超声导波监测及结构健康监测技术的研究历史与现状做了概括，介绍了不同阶段的研究成果，并对基于压电材料的损伤监测方法做了总结；最后，根据研究背景和前人的研究成果，总结了本书的研究内容和研究方法。

# 第 2 章　压电效应与超声导波的基本理论

# 2.1 压电材料基本性能

## 2.1.1 压电材料与压电效应

压电材料是一种新型的智能材料。1880 年，居里兄弟发现了压电材料具有压电效应。此后，随着材料科学生产工艺的不断改良，压电材料得到了飞速的发展，其应用的领域也越来越广，受到人们广泛的关注和重视。压电材料的种类很多，以其材料的物理结构作为划分标准，可将压电材料分为以下几类。

- 压电材料
  - 压电单晶体
    - 石英($SiO_2$)
    - 酒石酸钾钠($NaKC_4H_4 \cdot 4H_2O$)
    - 磷酸二氢铵($NH_4H_2PO_4$)
    - 铌酸锂($LiNbO_3$)
    - 硫酸锂($LiSO_4 \cdot H_2O$)
    - 钽酸锂($LiTaO_3$)
    - 锗酸锂($LiGeO_3$)
  - 压电陶瓷
    - 一元系
      - 钛酸钡($BaTiO_3$)
      - 钛酸铅($PbTiO_3$)
      - 铌酸钾钠($K_xNa_{1-x}NbO_3$)
      - 偏铌酸铅($PbNb_2O_5$)
    - 二元系
      - 锆钛酸铅[$Pb(Zr_xTi_{1-x})O_3$]
      - 偏铌酸铅钡($Pb_{1-x}Ba_xNb_2O_5$)
    - 三元系
      - 铌镁-锆-钛酸铅
      - 铌钴-锆-钛酸铅
      - 铌锌-锆-钛酸铅
      - 铌锑-锆-钛酸铅
      - 铌锰-锆-钛酸铅
  - 压电高分子聚合物　聚偏二氟乙烯(PVDF)
  - 复合压电材料　PVDF＋PZT复合

以锆钛酸铅（Lead Zirconate Titanate, PZT）为代表的压电陶瓷是一种多晶体的压电材料，如图 2.1 所示，它由无数细小的电铸组成。之所以 PZT 更受到人们的青睐，源自其独特的优点。

① 具有较高的工作频率。对结构产生的微小变化具有很强

的敏感性，可以及时发现结构中的初始损伤。

② PZT 既有驱动的作用，又有传感的作用。既能当传感器使用，又能当作动器使用，可减少结构健康监测中所使用传感器的种类。

③ PZT 元件造价低廉，易生产，而且具有很高的灵敏度。测量精度和经济性都能满足结构健康监测的要求。

④ PZT 具有良好的工作性能，稳定性好，重量轻，线性范围大，可根据要求生产成不同形状。

⑤ 与结构能很好地耦合在一起，既可以贴在结构表面，也可以埋入结构内部。

图 2.1　压电陶瓷元件

压电材料具有一项实用性很强的特殊功能，即压电效应，包括正压电效应和逆压电效应。压电材料的压电效应实际是电能与机械能相互转化的过程。压电效应的基本原理如图 2.2 所示。当使压电元件产生机械变形时，元件内部的正负电荷中心发生相对移动而产生点的极化，使得压电元件的两个电极表面产生符号相反的束缚电荷，这种现象称为正压电效应，是一个机械能转化为电能的过程；与正压电效应相反，当在压电元件的两个电极表面施加电压时，同样会使压电元件内部的正负电荷中心发生相对移动，电能转化为机械能，这种由于存在电场作用而产生的效应称为逆压电效应，是一个电能转化为机械能的过程。

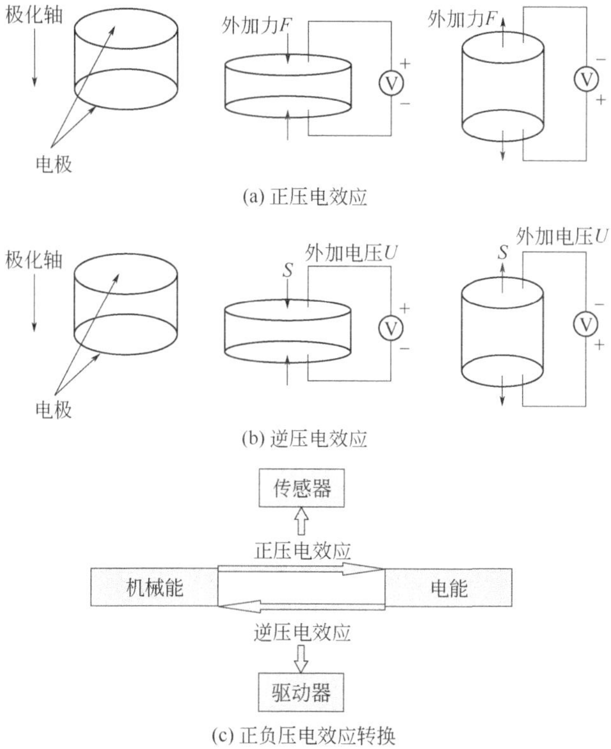


**图 2.2　压电效应的基本原理**

### 2.1.2　压电作动器与传感器

根据压电材料的正逆压电效应，可以将压电材料作为作动器和驱动器来使用。本书中所涉及的压电材料均为 PZT 元件，下面以 PZT 片为例来说明。应用逆压电效应，可将 PZT 片当作驱动器，即当 PZT 片受到外加交变电压作用时，会沿着极化方向产生变形，由于元件表面的电荷量和变形大小成正比，所以随着施加电压的变化，PZT 片便会产生振动，此时会对耦合在一起的结构产生一个激励，起到驱动器的作用；应用正压电效应，可将 PZT 片当作传感器，即当结构发生变形时，这种变形会通过耦合剂传递给 PZT 片，相当于对 PZT 片施加外力或位移，此时 PZT 片发生变形而在表面产生电荷，再通过导线将这些电荷导入信号采集设备，这时压电材料起到了传感器的作用。

## 2.2 超声导波的基本概念与分类

导波是波在杆、管、板等结构的波导介质中传播，不断与介质的上下边界发生折射、反射及纵波与横波之间的波形转换作用产生的波。在弹性介质中，根据振动源（声源）的振动方向与波在介质中传播方向相同与否，可以将导波分成两类：一类称为纵波（或称疏密波、无旋波、拉压波、P 波）；另一类称为横波（或称剪切波、S 波）。这两类波在介质中的传播形式不同，并且都以各自的特征速度传播而不出现波形的耦合。若按照频率（$f$）范围来对波进行分类的话，声波可划分为次声波（$f$<20Hz）、可闻声波（20Hz<$f$<20kHz）和超声波（$f$>20kHz）。人只能感知可闻声波，而无法察觉超声波和次声波。在本书中，研究内容仅限于超声范围。

超声导波实际是由超声波在介质中的不断反射而形成的。假设超声波在一个上下表面都无限延伸的板状波导中传播，上下表面与周围环境（空气或是真空）形成两个交界面，由于交界面两侧介质的不连续性，使得超声波在交界面处发生反射，产生波形转换，在传播一段时间后叠加形成“波包”，即形成导波模态。当固体弹性参数不变时，超声波便会在上下交界面内被不断地反射，沿着波导的方向传播下去，形成超声导波。

如图 2.3 所示的板结构有两个交界面，两个交界面之间的材料属性相同，两侧为非同质介质。当超声波在板中传播时，将会在交界面处被多次反射回板中，从而沿着平行板面的方向传播，被反射时伴随着模式转换，并且会发生相互干涉，整个传播过程都是由板的上下表面引导超声波进行的，这就形成了平板超声导波。也将在板中传播的超声波称为板波或 Lamb 波。

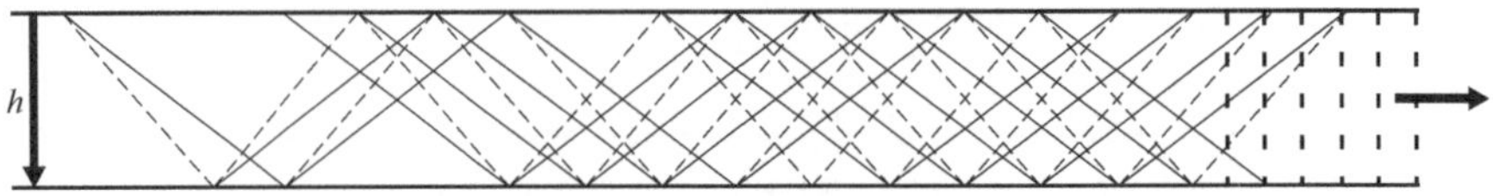


图 2.3 板中导波传播示意

## 2.3 群速度和相速度

超声波的速度分为群速度和相速度。相数度 $c_p$ 指的是波上固定相位点在介质中的传播速度；群速度 $c_g$ 是指多个相差不多的频率的波在同一介质中传播时互相合成的包络线的传播速度，是波包的能量传播速度，也是导波的主要参数。如图 2.4 所示，（a）为脉冲波在介质中传播一段距离后得到的波形，再传播 $\Delta l$ 距离后得到了波形（b），两波形包络幅值最大点的时间差为 $t_1$，相同相位点的时间差为 $t_2$，进而可以计算出导波在此频率下的群速度和相速度。

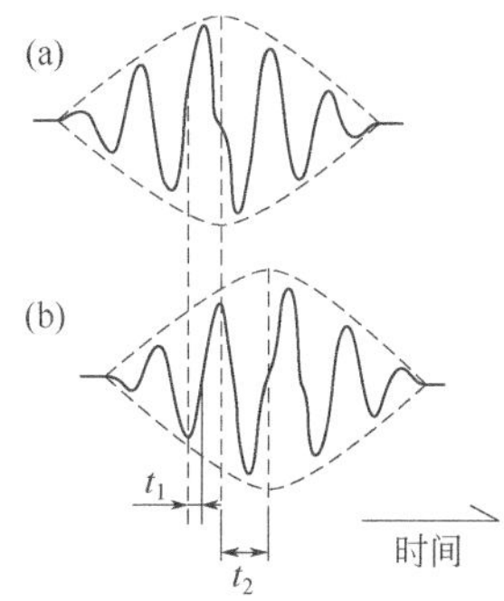


图 2.4　群速度与相速度关系

$$c_g = \frac{\Delta l}{t_1}$$
$$c_p = \frac{\Delta l}{t_2} \tag{2.1}$$

另外，可以引入谐波叠加的概念解释群速度和相速度的意义。谐波是最简单的波，一个谐波的振动方程可以表示成式（2.2）的形式。

$$u = A\cos(kx - \omega t) \tag{2.2}$$

式中　$u$——质点振动的位移；

$A$——振幅；

$k$——波数，$k=2\pi/\lambda$，$\lambda$ 为波长；

$x$——波传播的位置矢量；

$\omega$——角频率，$\omega = 2\pi f$；

$t$——时间变量。

导波实际上是一系列谐波的叠加，为了引出群速度和相速度的概念，假设导波由两个谐波叠加构成，即

$$u = u_1 + u_2 = A_1\cos(k_1 x - \omega_1 t) + A_2\cos(k_2 x - \omega_2 t) \tag{2.3}$$

经三角变换，将式（2.3）变换为

$$u = 2A\cos(\frac{1}{2}\Delta kx - \frac{1}{2}\Delta\omega t)\cos(kx - \omega t) \tag{2.4}$$

式中，$\Delta\omega = \omega_2 - \omega_1$；$\Delta k = k_2 - k_1$；$k = \frac{1}{2}(k_2 + k_1)$；$\omega = \frac{1}{2}(\omega_2 + \omega_1)$；$A = \sqrt{A^2 + A^2}$。

由此得到群速度和相速度。

$$c_{\mathrm{g}} = \frac{\Delta\omega}{\Delta k} = \frac{\mathrm{d}\omega}{\mathrm{d}k} \tag{2.5}$$

$$c_{\mathrm{p}} = \frac{\omega}{k} \tag{2.6}$$

将式（2.6）代入式（2.5），可得到

$$c_{\mathrm{g}} = \frac{\mathrm{d}\omega}{\mathrm{d}k} = \frac{\mathrm{d}\omega}{\mathrm{d}(\frac{\omega}{c_{\mathrm{p}}})} = \frac{\mathrm{d}\omega}{\frac{\mathrm{d}\omega}{c_{\mathrm{p}}} - \omega\frac{\mathrm{d}c_{\mathrm{p}}}{c_{\mathrm{p}}^2}} = \frac{c_{\mathrm{p}}^2}{c_{\mathrm{p}} - \omega\frac{\mathrm{d}c_{\mathrm{p}}}{\mathrm{d}\omega}} \tag{2.7}$$

由 $\omega = 2\pi f$，式（2.7）可写成

$$c_{\mathrm{g}} = \frac{{c_{\mathrm{p}}}^2}{c_{\mathrm{p}} - (fh)\frac{\mathrm{d}c_{\mathrm{p}}}{\mathrm{d}(fh)}} \tag{2.8}$$

式中 $fh$——频率与厚度的乘积（简称频厚积）；

$f$——频率；

$h$——构件的厚度，在板模型中，$h$ 为板的厚度；在圆管中，$h$ 为管壁的厚度。

当 $c_{\mathrm{g}}$=$c_{\mathrm{p}}$ 时，表明该模态的导波没有发生频散。导波总是以群速度传播，群速度也是波群能量的传播速度。值得注意的是，群速度的快慢不能代表相速度的快慢。

# 2.4 导波的多模态和频散现象

当超声导波在板、管等波导中传播时，其传播速度将随着频厚积的改变而改变。假设对于某一特定的波导其厚度不变，则导波的传播速度随频率的改变而改变（图 2.5），这种现象称为导波的频散。频散现象由两部分构成：物理频散和几何频散。受波导材料的物理特性影响的，称为物理频散；受波导材料几何尺寸影响的，称为几何频散。

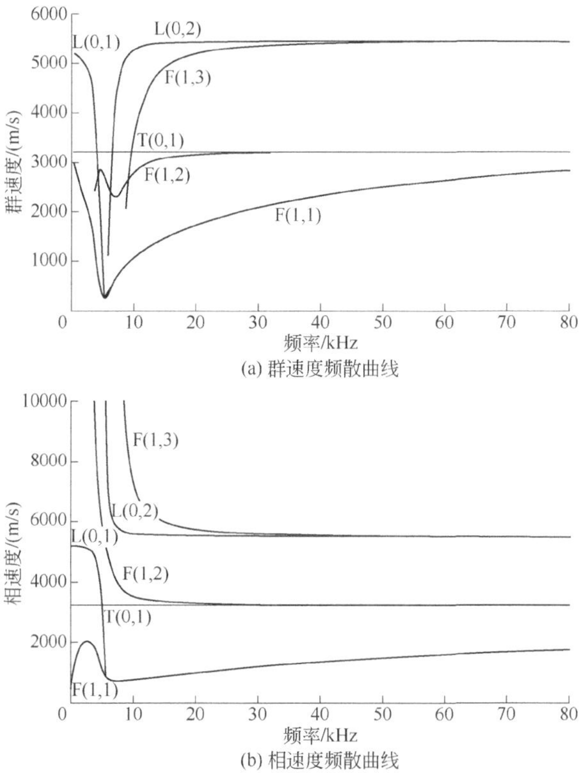


**图 2.5　钢管的频散曲线**

如图 2.5 所示钢管的频散曲线，钢管具体参数为：外径 38mm，管壁厚 5mm。从频散曲线可以看出，整个频段内，每个频率点上都对应几个模态，随着频率的逐渐增加，导波模态数也随之增加，这就是导波的多模态性。导波的多模态性使得在选择激励频率的时候，同时有多个模态被激励，导波在波导中传播时，各模态会互相混叠，并且产生模态转换，即使激励的导波是单一模态，也会伴随着很多其他模态的导波成分，这大大增加了超声导波监测技术的复杂性。

为了减少频谱能量泄漏，可采用不同的截取函数对信号进行截断，截断函数称为窗函数，简称为窗。对于窗函数的选择，应考虑被分析信号的性质与处理要求。如果仅要求精确读出主瓣频率，而不考虑幅值精度，则可选用主瓣宽度比较窄而便于分辨的矩形窗；如果分析窄带信号，且有较强的干扰噪声，则应选用旁瓣幅度小的窗函数，如汉宁窗、三角窗等。

如图 2.6 所示为外径 38mm、壁厚 5mm 的钢管中激励频率为

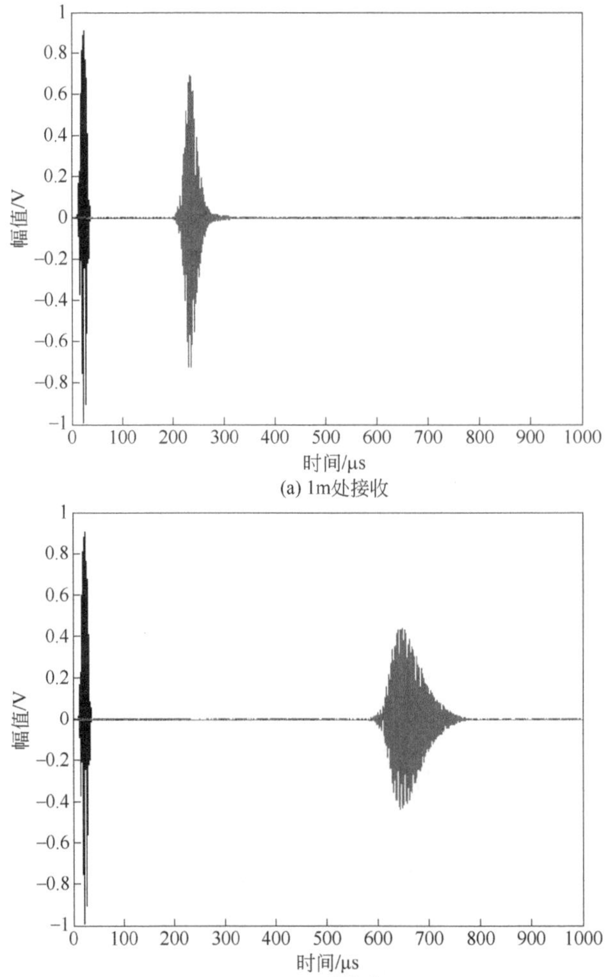


(a) 1m处接收

(b) 3m处接收

**图 2.6　导波的频散特性**

300kHz 的 L(0,2)导波，分别在 1m 和 3m 处接收到的波形。可以看出，由于导波本身的频散特性，使得在 3m 处接收到波形的时域宽度明显大于在 1m 处接收到的，而幅值却明显减小了。

## 2.5 周向导波

在无限均匀各向同性弹性介质中，纵波和横波是相互独立的，在传播过程中不会发生波形的耦合，只会按照自身的特征速度进行传播。而实际存在的波导都不可能是无限的，都会有一定的尺寸，比如管道结构。纵波和横波在管道中传播受到管道边界的制约而发生模态转换的现象，在管道中产生导波。沿管道圆周方向传播的导波定义为周向导波（图 2.7），沿管道轴向传播的导波定义为柱面导波。

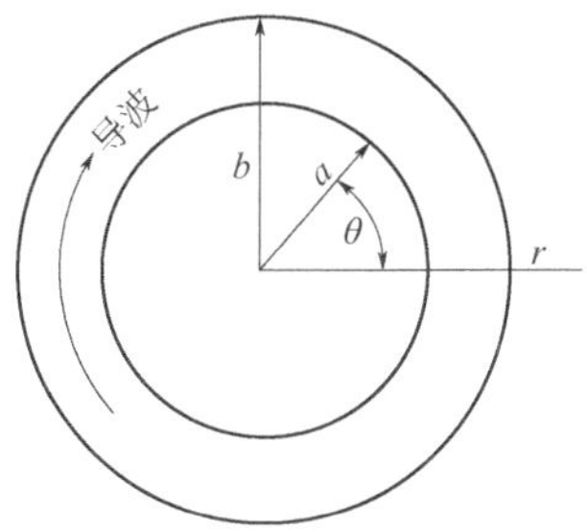


图 2.7 空心圆管中周向导波示意

将圆管置于圆柱坐标系下，并将中轴线定义为 $z$ 轴，则周向导波在管中传播时，其位移场与 $z$ 轴无关，只与半径 $r$ 和转角 $\theta$ 有关。因此，简单消去 Navier 位移平衡方程中有关 $z$ 值的项，便可得到周向导波的位移运动方程。位移场可简单地表示为

$$u_r=u_r(r,\theta) \qquad u_\theta=u_\theta(r,\theta) \qquad u_z=0 \tag{2.9}$$

式中 $u_r$——径向位移分量；

$u_\theta$——周向位移分量，可由势函数 $\varphi$ 和 $\psi$ 给出[63]。

$$u_r=\frac{\partial\varphi}{\partial r}+\frac{1}{r}\times\frac{\partial\psi}{\partial\theta} \tag{2.10a}$$

$$u_\theta=\frac{1}{r}\times\frac{\partial\varphi}{\partial\theta}-\frac{\partial\psi}{\partial r} \tag{2.10b}$$

在各向同性的线弹性空心圆管中，各应力分量可根据胡克定律得到。

$$\begin{cases} \sigma_r = \lambda(\frac{\partial u_r}{\partial r} + \frac{u_r}{r} + \frac{1}{r} \times \frac{\partial u_\theta}{\partial \theta}) + 2\mu \frac{\partial u_r}{\partial r} \\ \sigma_\theta = \lambda(\frac{\partial u_r}{\partial r} + \frac{u_r}{r} + \frac{1}{r} \times \frac{\partial u_\theta}{\partial \theta}) + 2\mu(\frac{u_r}{r} + \frac{1}{r} \times \frac{\partial u_\theta}{\partial \theta}) \\ \sigma_{r\theta} = \mu(\frac{\partial u_\theta}{\partial r} - \frac{u_\theta}{r} + \frac{1}{r} \times \frac{\partial u_r}{\partial \theta}) \end{cases} \tag{2.11}$$

在空心圆管边界自由的情况下，根据弹性力学知识可以推导出其波动方程为[63]

$$\frac{\partial \sigma_r}{\partial r} + \frac{\sigma_r - \sigma_\theta}{r} + \frac{1}{r} \times \frac{\partial \sigma_{r\theta}}{\partial \theta} + \rho\omega^2 u_r = 0 \tag{2.12a}$$

$$\frac{\partial \sigma_{r\theta}}{\partial r} + \frac{1}{r} \times \frac{\partial \sigma_\theta}{\partial \theta} + 2\frac{\sigma_{r\theta}}{r} + \rho\omega^2 u_\theta = 0 \tag{2.12b}$$

将应力和位移分量代入式（2.12）中得波动方程。

$$(\frac{\partial^2}{\partial r^2} + \frac{1}{r} \times \frac{\partial}{\partial r} + \frac{1}{r^2} \times \frac{\partial^2}{\partial \theta^2})\varphi + \frac{\omega 2}{c_L^2}\varphi = 0 \tag{2.13a}$$

$$(\frac{\partial^2}{\partial r^2} + \frac{1}{r} \times \frac{\partial}{\partial r} + \frac{1}{r^2} \times \frac{\partial^2}{\partial \theta^2})\psi + \frac{\omega 2}{c_T^2}\psi = 0 \tag{2.13b}$$

式中　$c_L$——弹性介质中的纵波波速；

$c_T$——弹性介质中的横波波速。

对于无外力且无填充物的空心圆管，满足边界条件，即内外表面的应力为零。

$$\sigma_r = \sigma_{r\theta} = 0 \qquad (\text{在 } r=a \text{ 和 } r=b \text{ 处}) \tag{2.14}$$

周向导波相关的势函数可以写为[63]

$$\varphi = \varPhi(r)e^{ikb\theta}, \quad \psi = \varPsi(r)e^{ikb\theta} \tag{2.15}$$

将式（2.15）代入式（2.13），可以得到

$$\varPhi'' + \frac{1}{r}\varPhi' + [(\frac{\omega}{C_L})^2 - (\frac{kb}{r})^2]\varPhi = 0 \tag{2.16a}$$

$$\varPsi'' + \frac{1}{r}\varPsi' + [(\frac{\omega}{c_L})^2 - (\frac{kb}{r})^2]\varPsi = 0 \tag{2.16b}$$

式（2.16）为 Bessel 方程，其通解形式为[63]

$$\Phi(r) = A_1 J_M \frac{\omega r}{c_{\rm L}} + A_2 Y_M \frac{\omega r}{c_{\rm L}} \tag{2.17a}$$

$$\Psi(r) = B_1 J_M \frac{\omega r}{c_{\rm T}} + B_2 Y_M \frac{\omega r}{c_{\rm T}} \tag{2.17b}$$

式中　$J_M(z)$，$Y_M(z)$——第一类和第二类的 $M$ 阶 Bessel 函数。

将式（2.17）代入应力表达式[式（2.11）]中，得到

$$\sigma_r(r,\theta) = \frac{\mu \mathrm{e}^{ikb\theta}}{r^2}[\chi^2 r^2 \Phi'' + (\chi^2-2) r\Phi' - (\chi^2-2)k^2 b^2 \Phi + 2ikb(r\Psi' - \Psi)] \tag{2.18a}$$

$$\sigma_{r\theta}(r,\theta) = \frac{\mu \mathrm{e}^{ikb\theta}}{r^2}[-r^2\Psi'' + r\Psi' - k^2 b^2 \Psi + 2ikb(r\Phi' - \Phi)] \tag{2.18b}$$

式中，$\chi = c_{\rm L}/c_{\rm T}$。

式（2.17）中 $A_1$、$A_2$、$B_1$ 和 $B_2$ 为常数，由边界条件确定。将位移分量表达式［式（2.10）］代入波动方程［式（2.12）］中，再联立边界条件［式（2.14）］，可得到关于 $A_1$、$A_2$、$B_1$ 和 $B_2$ 的方程组。为使方程组有非零解，方程组的系数行列式必为零。

$$|D_{nm}|=0 \qquad (n,m=1,\cdots,4) \tag{2.19}$$

式（2.19）即为空心圆管中导波的频散方程，该方程为超越方程，只能通过数值计算的方法求解。其中 $D_{nm}$ 为 4 阶方阵，具体的系数单元表达式为

$$D_{11} = [J_{M-2}\frac{\varepsilon}{\chi} + J_{M+2}\frac{\varepsilon}{\chi} - 2(\chi^2-1)J_M\frac{\varepsilon}{\chi}]\chi^{-2}$$

$$D_{12} = i(J_{M-2}\varepsilon - J_{M+2}\varepsilon)$$

$$D_{13} = [Y_{M-2}\frac{\varepsilon}{\chi} + Y_{M+2}\frac{\varepsilon}{\chi} - 2(\chi^2-1)Y_M\frac{\varepsilon}{\chi}]\chi^{-2}$$

$$D_{14} = i(Y_{M-2}\varepsilon - Y_{M+2}\varepsilon)$$

$$D_{21} = i(J_{M-2}\frac{\varepsilon}{\chi} - J_{M+2}\frac{\varepsilon}{\chi})\chi^{-2}$$

$$D_{22} = -(J_{M-2}\varepsilon + J_{M+2}\varepsilon)$$

$$D_{23}=i(Y_{M-2}\frac{\varepsilon}{\chi}-Y_{M+2}\frac{\varepsilon}{\chi})\chi^{-2}$$
$$D_{24}=-(Y_{M-2}\varepsilon+Y_{M+2}\varepsilon)$$
$$D_{31}=[J_{M-2}\frac{\gamma\varepsilon}{\chi}-J_{M+2}\frac{\gamma\varepsilon}{\chi}-2(\chi^2-1)J_M\frac{\gamma\varepsilon}{\chi}]\gamma^2\chi^{-2}$$
$$D_{32}=i(J_{M-2}\gamma\varepsilon-J_{M+2}\gamma\varepsilon)\gamma^2$$
$$D_{33}=(Y_{M-2}\frac{\gamma\varepsilon}{\chi}+Y_{M+2}\frac{\gamma\varepsilon}{\chi}-2(\chi^2-1)Y_M\frac{\gamma\varepsilon}{\chi})\gamma^2\chi^{-2}$$
$$D_{34}=i(Y_{M-2}\gamma\varepsilon-Y_{M+2}\gamma\varepsilon)\gamma^2$$
$$D_{41}=i(J_{M-2}\frac{\gamma\varepsilon}{\chi}-J_{M+2}\frac{\gamma\varepsilon}{\chi})\gamma^2\chi^{-2}$$
$$D_{42}=-(J_{M-2}\gamma\varepsilon+J_{M+2}\gamma\varepsilon)\gamma^2$$
$$D_{43}=i(Y_{M-2}\frac{\gamma\varepsilon}{\chi}-Y_{M+2}\frac{\gamma\varepsilon}{\chi})\gamma^2\chi^{-2}$$
$$D_{44}=-(Y_{M-2}\gamma\varepsilon+Y_{M+2}\gamma\varepsilon)\gamma^2$$

## 2.6 柱面导波

Gazis 首先对管道中导波的传播问题进行了研究[64]。根据弹性力学的知识，导波在各向同性介质中传播时，均满足 Navier 位移平衡方程。

$$\mu\nabla^2U+(\lambda+\mu)\nabla(\nabla U)=\rho\frac{\partial^2U}{\partial t^2} \tag{2.20}$$

式中 $\mu$，$\lambda$——材料的 Lame 常数；
$\rho$——材料的密度；
$t$——时间；
$U$——位移；
$\nabla$——Hamilton 算子。

在如图 2.8 所示的空心圆管中，在内外壁上的应力应满足边界条件。

$$\sigma_{rr}\big|_{r=a,b}=0 \quad \sigma_{rz}\big|_{r=a,b}=0 \quad \sigma_{r\theta}\big|_{r=a,b}=0 \tag{2.21}$$

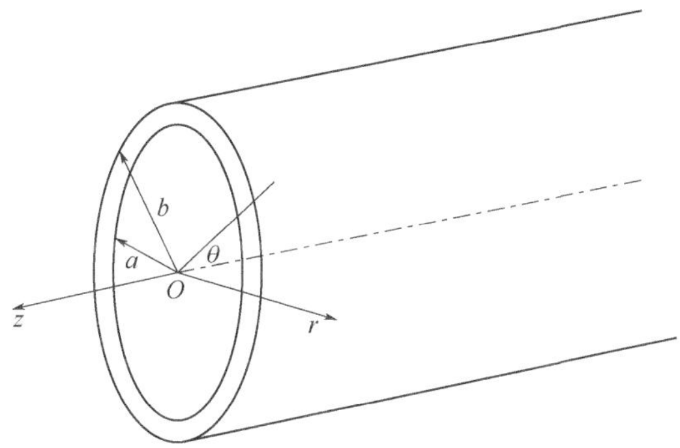


图 2.8　空心圆管示意

采用 Helmholtz 公式进行分解，位移 $U$ 分解为膨胀标量势函数 $\phi$ 和等容矢量势函数 $H$。

$$U=\nabla\phi+\nabla H \tag{2.22}$$

式中，$\nabla H=0$。

势函数 $\phi$ 和 $H$ 应满足

$$c_{\mathrm{L}}{}^{2}\nabla^{2}\phi=\frac{\partial^{2}\phi}{\partial t^{2}} \tag{2.23}$$

$$c_{\mathrm{T}}{}^{2}\nabla^{2}H=\frac{\partial^{2}H}{\partial t^{2}} \tag{2.24}$$

式中　$c_{\mathrm{L}}$——管道的纵波波速；

$c_{\mathrm{T}}$——管道的横波波速。

$$c_{\mathrm{L}}=\sqrt{\frac{\lambda+2\mu}{\rho}},c_{\mathrm{T}}=\sqrt{\frac{\mu}{\rho}}$$

这种边界条件的精确解首先由 Gazis(1959 年)给出[65]。

令

$$\begin{cases}\phi=f(r)\cos n\theta\cos(\omega t+kz)\\H_{r}=g_{r}(r)\sin n\theta\sin(\omega t+kz)\\H_{\theta}=g_{\theta}(r)\cos n\theta\sin(\omega t+kz)\\H_{z}=g_{z}(r)\sin n\theta\cos(\omega t+kz)\end{cases} \tag{2.25}$$

将式（2.25）分别代入式（2.23）和式（2.24）中可得

$$\begin{cases}(\nabla^2+\dfrac{\omega^2}{c_{\mathrm{L}}^2})\phi=0\\(\nabla^2+\dfrac{\omega^2}{c_{\mathrm{T}}^2})H_z=0\\(\nabla^2-\dfrac{1}{r^2}+\dfrac{\omega^2}{c_{\mathrm{L}}^2})H_\theta+\dfrac{2}{r^2}\times\dfrac{\partial H_\theta}{\partial\theta}=0\\(\nabla^2-\dfrac{1}{r^2}+\dfrac{\omega^2}{c_{\mathrm{T}}^2})H_r-\dfrac{2}{r^2}\times\dfrac{\partial H_r}{\partial\theta}=0\end{cases} \tag{2.26}$$

引入微分算子

$$B_{n,x}=\frac{\partial^2}{\partial x^2}+\frac{1}{x}\times\frac{\partial}{\partial x}-\left(\frac{n^2}{x^2}-1\right)$$

可以得到

$$\begin{cases}B_{n,\alpha r}f=0\\B_{n,\beta r}g_3=0\\B_{n+1,\beta r}(g_r-g_\theta)=0\\B_{n-1,\beta r}(g_r+g_\theta)=0\end{cases} \tag{2.27}$$

式中

$$\alpha^2=\frac{\omega^2}{c_{\mathrm{L}}^2}-k^2 \quad \beta^2=\frac{\omega^2}{c_{\mathrm{T}}^2}-k^2 \tag{2.28}$$

式(2.27)为一组 Bessel 方程，其通解由 Bessel 或修正 Bessel 函数给出。

$$\begin{cases}f=AZ_n(\alpha_1 r)+BW_n(\alpha_1 r)\\g_3=A_3Z_n(\beta_1 r)+B_3W_n(\beta_1 r)\\2g_1=g_r-g_\theta=2A_1Z_{n+1}(\beta_1 r)+2B_1W_{n+1}(\beta_1 r)\\2g_2=g_r+g_\theta=2A_2Z_{n-1}(\beta_1 r)+2B_2W_{n-1}(\beta_1 r)\end{cases} \tag{2.29}$$

式中 $Z_n$ ——Bessel 函数 $J$ 和 $Y$；

$W_n$ ——修正 Bessel 函数 $I$ 和 $K$。

Bessel 函数选择标准见表 2.1。

表 2.1 Bessel 函数选择标准

| 区间 | 函数 |
|---|---|
| $c_L<c_p$ | $J_n(\alpha r)$，$Y_n(\alpha r)$　$J_n(\beta r)$，$Y_n(\beta r)$ |
| $c_L<c_p<c_T$ | $I_n(\alpha_1 r)$，$K_n(\alpha_1 r)$　$J_n(\beta r)$，$Y_n(\beta r)$ |
| $c_p<c_T$ | $I_n(\alpha_1 r)$，$K_n(\alpha_1 r)$　$I_n(\beta_1 r)$，$K_n(\beta_1 r)$ |

表 2.1 中

$$\alpha_1 r=|\alpha r| \quad \beta_1 r=|\beta r| \tag{2.30}$$

应用度规不变形的性质可消去式（2.29）中的两个积分常数，即可使三个势函数 $g_i(i=1,2,3)$中的一个为零，其物理意义为由式（2.29）中任意两个等容势函数 $g_i(i=1,2,3)$可以得出第三个等容势函数的位移场。令 $g_2=0$，则

$$g_r = g_\theta = g_1 \tag{2.31}$$

因此，位移场的解为

$$\begin{cases} u_r = \left[f' + \dfrac{n}{r} g_3 + k g_1\right] \cos n\theta \cos(\omega t + kz) \\ u_\theta = \left[-\dfrac{n}{r} f + k g_1 - g_3'\right] \sin n\theta \cos(\omega t + kz) \\ u_z = \left[-kf + (n+1)\dfrac{g_1}{r} - g_1'\right] \cos n\theta \sin(\omega t + kz) \end{cases} \tag{2.32}$$

式中的求导运算均为对 $r$ 的求导，并且 $u_r$、$u_\theta$、$u_z$ 分别表示径向、周向、轴向位移分量。$u_r$=0、$u_\theta\neq0$、$u_z\neq0$ 对应于纵向模态；$u_r$=0、$u_\theta\neq0$、$u_z$=0 对应于扭转模态；$u_r\neq0$、$u_\theta\neq0$、$u_z\neq0$ 对应于弯曲模态。

根据弹性力学知识，可以得到应变-位移的关系式。

$$\begin{cases} \varepsilon_{rr} = \dfrac{\partial u_r}{\partial r} \\ \varepsilon_{rz} = \dfrac{\dfrac{\partial u_r}{\partial z} + \dfrac{\partial u_z}{\partial r}}{2} \\ \varepsilon_{r\theta} = \dfrac{r\dfrac{\partial}{\partial r} \times \dfrac{u_\theta}{r} + \dfrac{1}{r} \times \dfrac{\partial u_r}{\partial \theta}}{2} \end{cases} \tag{2.33}$$

应力与应变的关系为

$$\begin{cases}\sigma_{rr}=\lambda\Delta+2\mu\varepsilon_{rr}\\ \sigma_{rz}=2\mu\varepsilon_{rz}\\ \sigma_{r\theta}=2\mu\varepsilon_{r\theta}\end{cases} \tag{2.34}$$

式中 $\Delta$——体积膨胀率。

$$\Delta=\nabla^2\phi=-(\alpha^2+k^2)f\cos n\theta\cos(\omega t+kz) \tag{2.35}$$

由此可得到应力场的应力分量。

$$\begin{aligned}
\sigma_{rr}&=\{-\lambda(\alpha^2+k^2)f+2\mu[f''+\frac{n}{r}(g_3'-\frac{g_3}{r})+kg_1']\}\cos n\theta\cos(\omega t+kz)\\
\sigma_{r\theta}&=\mu[-\frac{2n}{r}(f'-\frac{f}{r})-(2g_3''+\beta^2g_3)-k(\frac{n+1}{r}g_1-g_1')]\sin n\theta\cos(\omega t+kz)\\
\sigma_{rz}&=\mu\{-2kf'-\frac{n}{r}g_1'+\frac{n}{r}(\frac{n+1}{r}-\beta^2+k^2)g_1-\frac{nk}{r}g_3\}\cos n\theta\sin(\omega t+kz)
\end{aligned} \tag{2.36}$$

将式（2.36）代入边界条件［式（2.21）］，得

$$[c_{ij}]_{6\times6}[A\quad B\quad A_1\quad B_1\quad A_2\quad B_2]^{\mathrm{T}}=[0\quad 0\quad 0\quad 0\quad 0\quad 0]^{\mathrm{T}} \tag{2.37}$$

为了使该方程组有非零解，则方程组的系数矩阵行列式为零，即

$$|c_{ij}|=0\qquad (i,\ j=1,\cdots,6) \tag{2.38}$$

式（2.38）便为空心圆管中柱面导波的频散方程。其中，$c_{ij}$ 是一个关于波数 $k$ 和圆周率 $\omega$ 的 6 阶方阵，其各元素为

$$c_{11}=\left[2n(n-1)-(\beta^2-k^2)a^2\right]Z_n(\alpha_1a)+2\lambda_1\alpha_1aZ_{n+1}(\alpha_1a)$$

$$c_{12}=2k\beta_1a^2Z_n(\beta_1a)-2ka(n+1)Z_{n+1}(\beta_1a)$$

$$c_{13}=-2n(n-1)Z_n(\beta_1a)+2\lambda_2n\beta_1aZ_{n+1}(\beta_1a)$$

$$c_{14}=\left[2n(n-1)-(\beta^2-k^2)a^2\right]W_n(\alpha_1a)+2\alpha_1aW_{n+1}(\alpha_1a)$$

$$c_{15}=2\lambda_2k\beta_1a^2W_n(\beta_1a)-2ka(n+1)W_{n+1}(\beta_1a)$$

$$c_{16}=-2n(n-1)W_n(\beta_1a)+2\lambda_2n\beta_1aW_{n+1}(\beta_1a)$$

$$c_{21}=2n(n-1)Z_n(\alpha_1a)-2\lambda_1n\alpha_1aZ_{n+1}(\alpha_1a)$$

$$c_{22}=-k\beta_1 a^2 Z_n(\beta_1 a)+2ka(n+1)Z_{n+1}(\beta_1 a)$$

$$c_{23}=-\left[2n(n-1)-\beta^2 a^2\right]Z_n(\beta_1 a)-2\lambda_2\beta_1 aZ_{n+1}(\beta_1 a)$$

$$c_{24}=2n(n-1)W_n(\alpha_1 a)-2n\alpha_1 aW_{n+1}(\alpha_1 a)$$

$$c_{25}=-\lambda_2 k\beta_1 a^2 W_n(\beta_1 a)+2ka(n+1)W_{n+1}(\beta_1 a)$$

$$c_{26}=-\left[2n(n-1)-\beta^2 a^2\right]W_n(\beta_1 a)-2\beta_1 aW_{n+1}(\beta_1 a)$$

$$c_{31}=2nk\alpha_1 Z_n(\alpha_1 a)-2\lambda_1 k\alpha_1 a^2 Z_{n+1}(\alpha_1 a)$$

$$c_{32}=n\beta_1 aZ_n(\beta_1 a)-(\beta^2-k^2)a^2 Z_{n+1}(\beta_1 a)$$

$$c_{33}=-nkaZ_n(\beta_1 a)$$

$$c_{34}=2nkaW_n(\alpha_1 a)-2k\alpha_1 a^2 W_{n+1}(\alpha_1 a)$$

$$c_{35}=\lambda_2 n\beta_1 aW_n(\beta_1 a)-(\beta^2-k^2)a^2 W_{n+1}(\beta_1 a)$$

$$c_{36}=-nkaW_n(\beta_1 a)$$

将 $c_{11}$～$c_{36}$ 中的 $a$ 换成 $b$ 便得到方阵后三行的表达式，即 $c_{41}$～$c_{66}$。

对于给定的圆管，其尺寸、密度、弹性模量、泊松比等一定，频散方程则成为关于 $h/L$ 和 $\omega/\omega_s$ 的隐式超越函数，该方程只能用数值方法求解，而不能得到其解析解。$L$ 为该管中的导波波长，$h$ 为板的厚度，$\omega_s=\pi c_T/h$ 为最低厚度剪切频率。对于 $h/L$ 和 $\omega/\omega_s$，知道其中一个的值，便可得到另一个值。当 $n=0$ 时，系数行列式可分解为行列式 $c_1$ 和 $c_2$ 的乘积形式，这两个行列式分别为

$$c_1=\begin{vmatrix} c_{11} & c_{12} & c_{14} & c_{15} \\ c_{31} & c_{32} & c_{34} & c_{35} \\ c_{41} & c_{42} & c_{44} & c_{45} \\ c_{61} & c_{62} & c_{64} & c_{65} \end{vmatrix} \qquad c_2=\begin{vmatrix} c_{23} & c_{26} \\ c_{53} & c_{56} \end{vmatrix} \tag{2.39}$$

$c_1=0$ 的解对应于管中柱面导波的纵向模态；$c_2=0$ 的解对应于管中柱面导波的扭转模态；当 $n\geqslant 1$ 时，频散方程得到的解对应于管中柱面导波的弯曲模态。

波数 $k$=0 时，系数行列式分解为 $c_3$ 和 $c_4$ 的乘积形式，其表达式为

$$c_3 = \begin{vmatrix} c_{11} & c_{13} & c_{14} & c_{16} \\ c_{21} & c_{23} & c_{24} & c_{26} \\ c_{41} & c_{43} & c_{44} & c_{46} \\ c_{51} & c_{53} & c_{54} & c_{56} \end{vmatrix} \qquad c_4 = \begin{vmatrix} c_{32} & c_{35} \\ c_{62} & c_{65} \end{vmatrix} \tag{2.40}$$

$c_3$=0 的解对应于管中平面应变振动模态；$c_4$=0 的解对应于管中纵向剪切振动模态；当振动不依赖于 $z$ 坐标时，两种模态是非耦合的，当波数 $k\neq0$ 时，两种模态耦合。

除此之外，位移场

$$u_r = u_z = 0 \quad u_\theta = Ar\sin(\omega t + \xi z) \tag{2.41}$$

也满足 Navier 运动方程和边界条件，当式（2.42）成立时，位移场解对应于以圆管中心线为轴的对称扭转模态。

$$\beta^2 = \frac{\omega^2}{{c_\mathrm{T}}^2} - k^2 = 0 \tag{2.42}$$

为方便表示，可将各模态的导波按照下列符号表示。

轴对称纵波：L(0, $m$)，$m$=1, 2, 3, 4, …

轴对称扭转波：T(0, $m$)，$m$=1, 2, 3, 4, …

非轴对称弯曲波：F($n$, $m$)，$n$, $m$=1, 2, 3, 4, …

$n$ 表示该模式的导波沿管壁的传播形式，$m$ 表示该模式导波在壁厚方向的振动形态。可见沿管壁传播形式相同的导波，在壁厚的振动形态却存在着多种情况，使得管道中的传播极为复杂。

## 2.7 空心圆管中导波模态分析

模态分析主要用于确定结构的振动特性，如固有频率和各阶振型。对空心圆管中的导波进行模态分析，根据得到的理论结果可以在管道缺陷监测中选择出合适的模态及频率范围，模态分析的结果通常以群速度频散曲线来表示。

### 2.7.1　L 模态

对于空心圆管中的 L 模态导波，只有轴向和径向位移分量，周向位移分量为零。当频率范围较低时，只有两种模态的导波出现，L(0,1)和 L(0,2)，如图 2.9 所示。

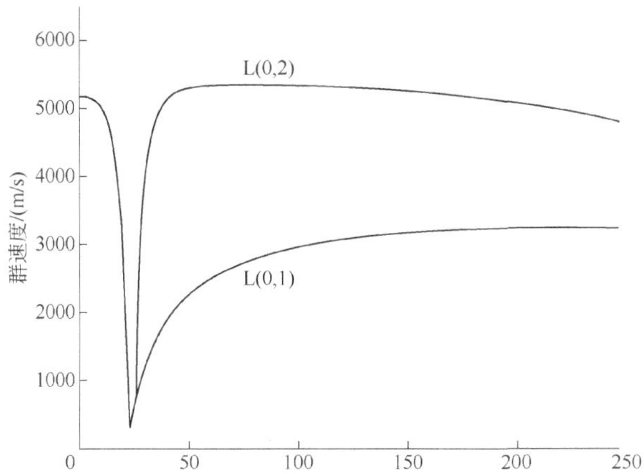

(a) 250kHz范围内

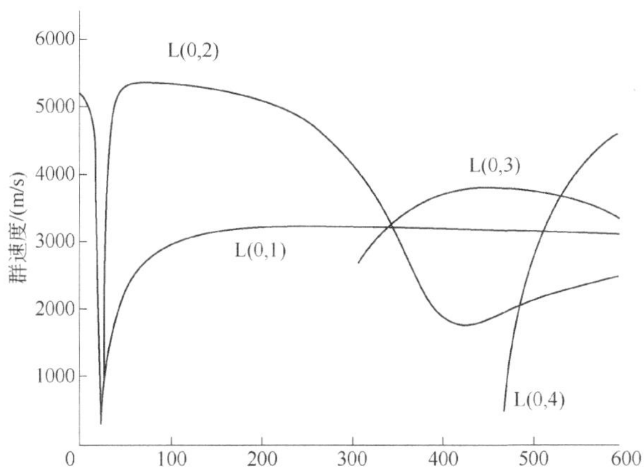

(b) 600kHz范围内

**图 2.9　纵向模态频散曲线**

如图 2.9 所示的是外径 38mm、壁厚 6mm 的圆管在不同频率范围内 L 模态的群速度频散曲线，在 0～250kHz 范围内只出现了两种模态，而 0～600kHz 范围内则出现了 4 种模态，在某一频率点都是几种模态同时存在，不同模态传播速度是不同的，在不同频段内各模态的频散程度也不同。以 L(0,2)为例，在 50～250kHz

范围内，群速度几乎没有变化，基本上是非频散的，但是在 300～400kHz 范围内则频散程度很大。

超声导波在空心圆管中传播时，都会引起管壁质点的振动。不同模态的导波，引起质点振动位移是不同的，所以对壁厚质点振动位移进行研究有助于对监测模态的选择。图 2.10 给出了 70kHz 频率下 L(0,1)和 L(0,2)模态导波沿壁厚的位移和应力分布。在图 2.10 中，L(0,2)模态在整个壁厚的轴向位移 $u_z$ 分布均匀且相对较大，这也是检测轴向裂纹确定 L(0,2)模态作为检测模态可以获得比较好的效果；其他方向位移小，使得能量泄漏小，衰减小，导波传播的距离就比较长。而 L(0,1)模态轴向位移 $u_z$ 沿壁厚分布却不均匀，径向位移 $u_r$ 又相对较大。

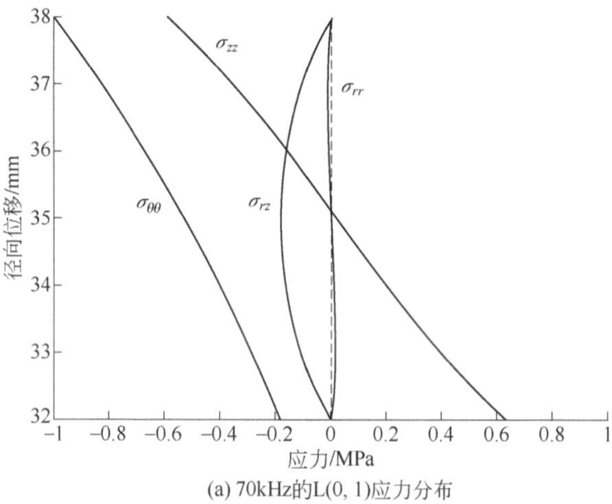

(a) 70kHz的L(0, 1)应力分布

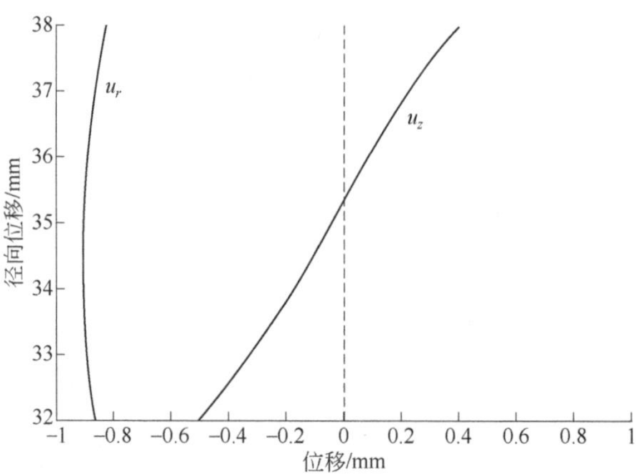

(b) 70kHz的L(0, 1)位移分布

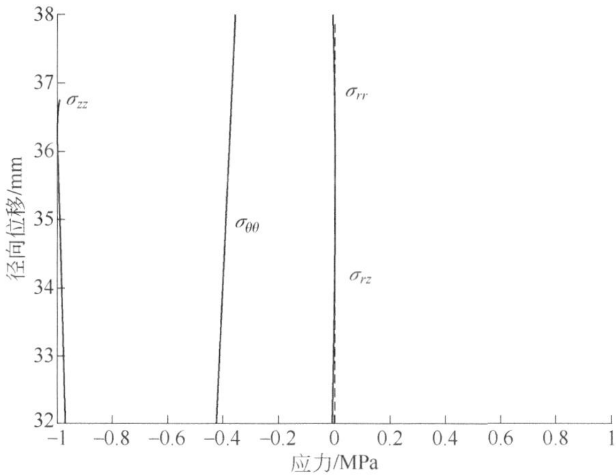


(c) 70kHz的L(0, 2)应力分布

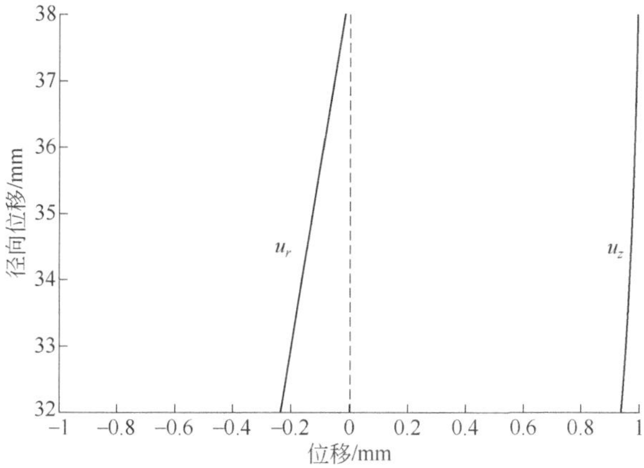


(d) 70kHz的L(0, 2)位移分布

**图 2.10 L 模态沿半径应力、位移分布**

## 2.7.2 T 模态

在弹性管中，T 模态在相对频率较低的情况下只会出现一种模态，即 T(0,1)模态；当频率较高时才会有其他 T 模态产生。

图 2.11 中的 T 模态群速度频散曲线是对外径 38mm、壁厚 6mm 的圆管计算得到的。在 0～250kHz 范围内，该弹性管中只出现 T(0,1)模态，而且从图 2.11 中还可以看出，该模态的速度始终保持不变，所以它是非频散的。在管中所有模态中，它也是唯一一个不发生频散的模态。

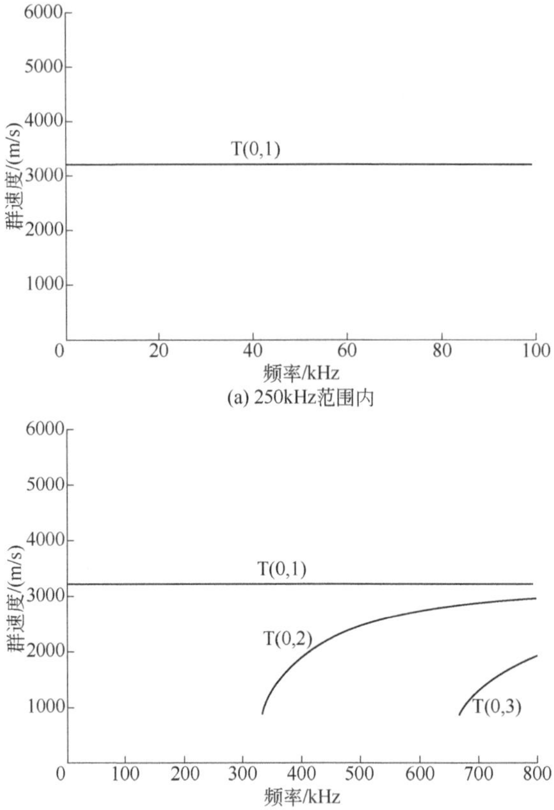


(a) 250kHz范围内

(b) 800kHz范围内

**图 2.11　T 模态频散曲线**

空心圆管中传播的 T(0,1)模态引起管壁质点振动的形式，与板中 SH 波引起的振动形式相似，质点只有周向位移 $u_\theta$，而径向位移 $u_r$ 和轴向位移 $u_z$ 为零（图 2.12）。

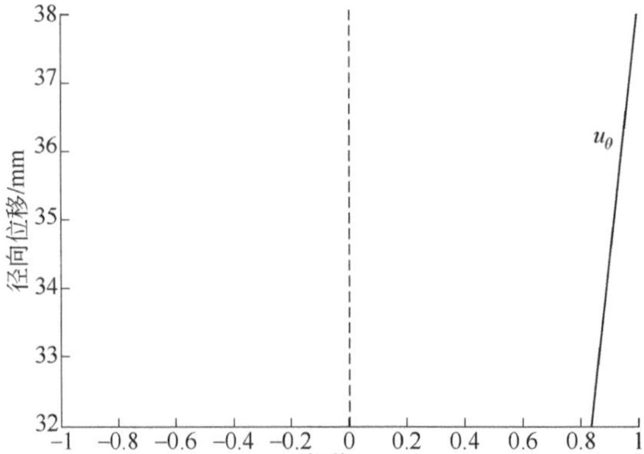


(a) 33.3kHz的T(0,1)位移分布

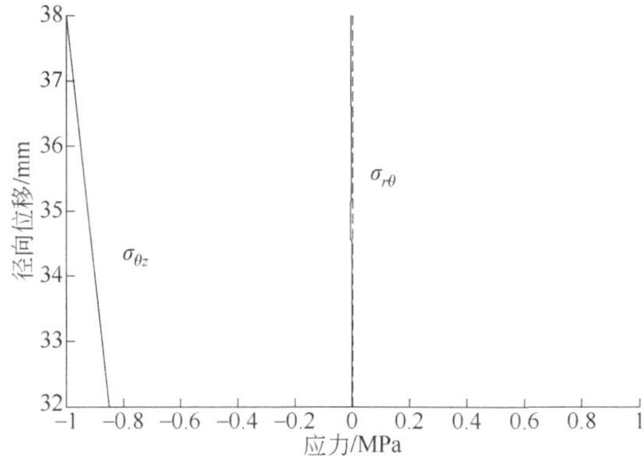


(b) 33.3kHz的T(0, 1)应力分布

图 2.12　T 模态沿半径应力、位移分布

为了在圆管中激励出 T(0,1)模态导波，需要在管壁表面施加剪应力，该模态对管中的轴向裂纹有极高的敏感度，因此受到越来越多的关注。

### 2.7.3　F 模态

F 模态是管道结构中最为复杂的导波模态，存在三个方向上的位移，且相互耦合。F 模态在同频率范围内要比 T 模态和 L 模态的模数多很多。

图 2.13 中只给出了在周向阶数 $n\leqslant 3$ 的情况下，管道中出现的 F 模态。与 T 模态和 L 模态相比，在相同的频率范围内，F 模态的模数要明显增多。由于各模态的频率不同，因此 F 模态的频散现象更为严重。

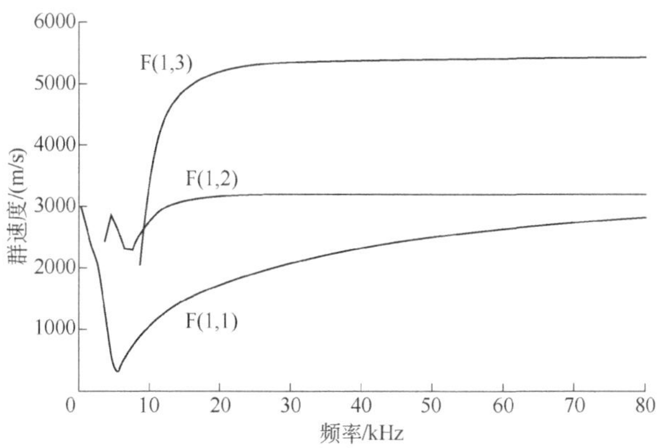


图 2.13　F 模态频散曲线

本书只对 F(1,1)、F(1,2)与 F(1,3)模态在壁厚的位移做了分析。从结果中可以看出，F(1,1)的轴向位移 $u_z$ 分布不均匀且径向位移 $u_r$ 较大，在传播过程中衰减较为严重；F(1,2)的轴向位移 $u_z$ 较小，周向位移 $u_\theta$ 分布却较为均匀，数值也比较大，所以它对轴向裂纹有一定敏感度；图 2.14 中的 F(1,3)模态和 L(0,2)模态却较为相似。

由于 F 模态的导波频散大，模数多，通常不选用该模态的导波用作监测信号。通常选择 L 模态导波，因其容易激励，衰减小，能对周向 360° 范围的管壁和内部缺陷进行监测。

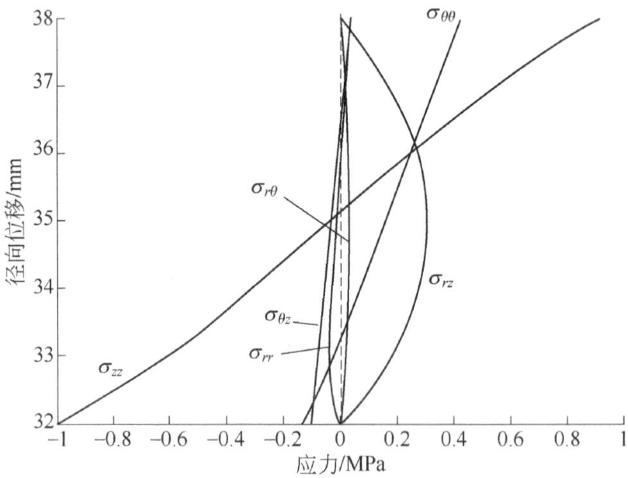


(a) 80kHz的F(1, 1)应力分布

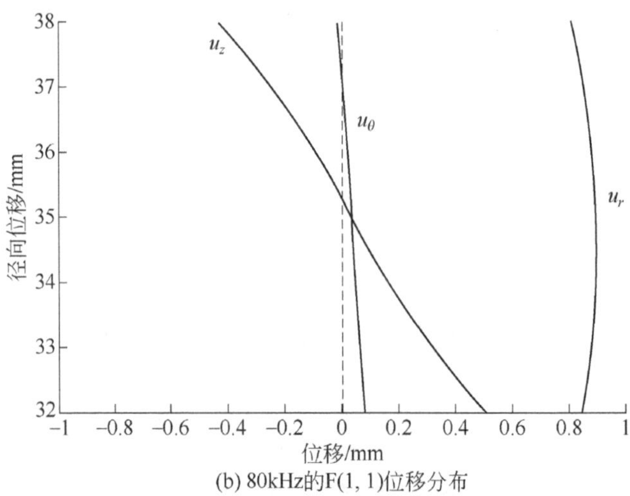


(b) 80kHz的F(1, 1)位移分布

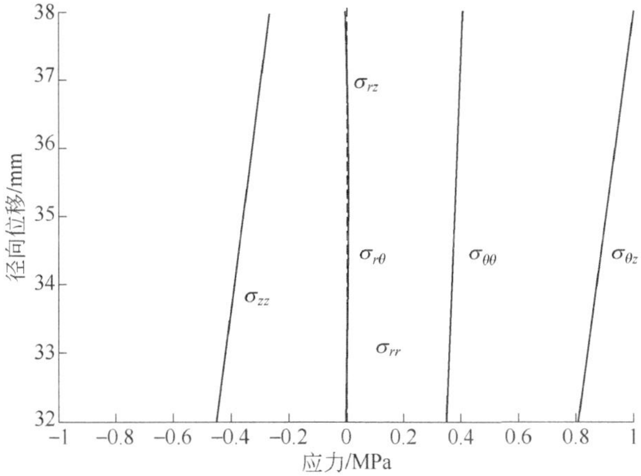


(c) 80kHz的F(1, 2)应力分布

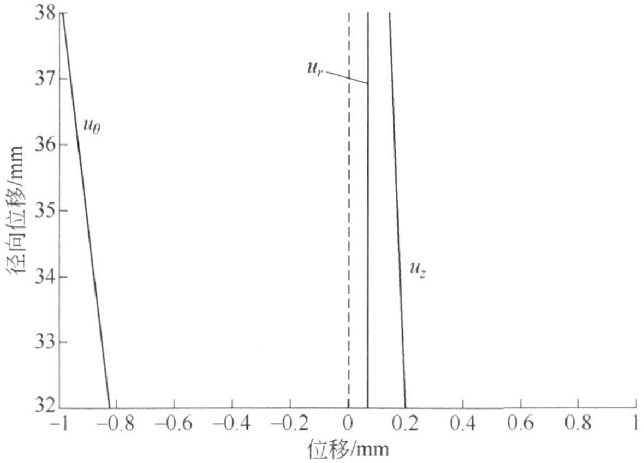


(d) 80kHz的F(1, 2)位移分布

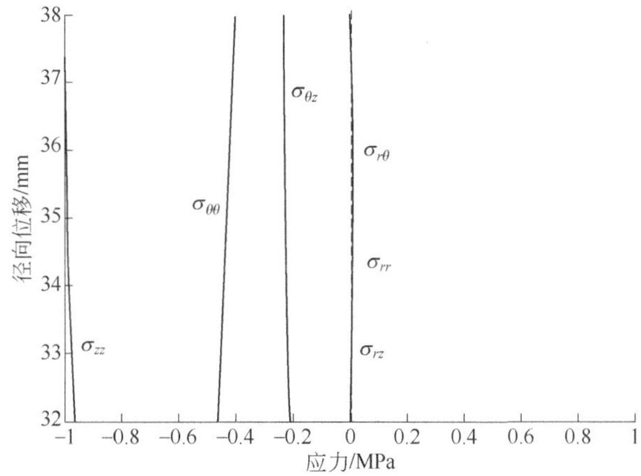


(e) 80kHz的F(1, 3)应力分布

图 2.14

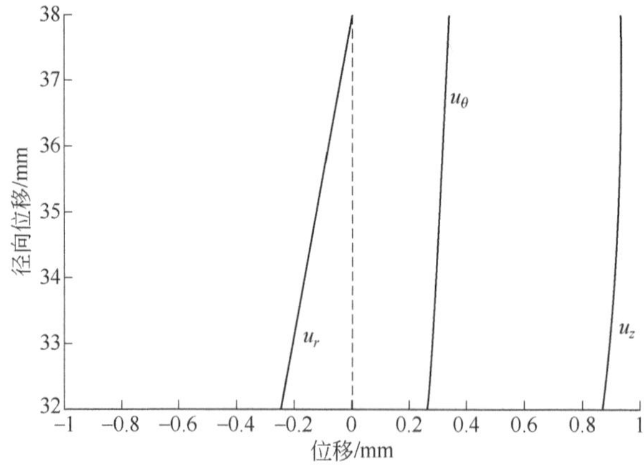

(f) 80kHz的F(1, 3)位移分布

图 2.14 F 模态沿半径应力、位移分布

## 2.8 本章小结

本章首先对压电材料及其工作原理做了简单介绍，并以 PZT 为例，根据压电材料的压电效应介绍了压电式传感器和作动器。之后介绍管道中导波的基本概念与基本特征，并在前人研究成果的基础上，对管道中导波的频散方程做了详细推导，通过数值计算得到了频散方程的近似解，对不同模态进行了分析，得到了各模态在管道中传播时，对应质点的振动位移和传播形态，为选取合适的监测信号和频率提供了理论依据。

# 第3章 压电超声导波时间反转基本理论及试验验证

## 3.1 概述

时间反转（在频域里称作相共轭）是声学中互易性原理的应用，指将不同传感器接收到的声源发射信号，按其时间历程的反向过程重新向介质发射回去，从而使得信号先到后发、后到先发，同时回到波源处，可以实现声源信号重构的一种全新方法。信号的时间反转方法（Time Reversal Method，TRM）过程如图 3.1 所示，当波源在结构中激励出一定形式的波形后，信号被传感器接收得到回波监测信号，然后将这些监测信号时间反转，并在各自的传感器上同时加载，则这些信号同时同相到达波源处，形成聚焦。

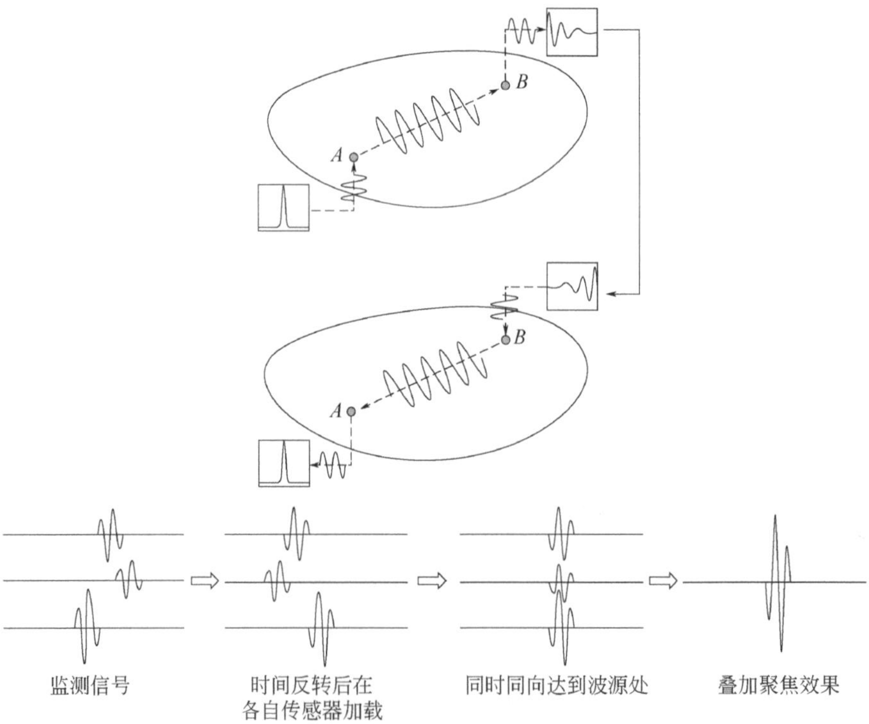


图 3.1　信号的时间反转方法过程

## 3.2 时间反转产生的技术背景

在管道的超声无损监测过程中，起伏的空间导致了传播介质的密度和声速变化，造成声束弯曲、聚焦点发散现象，从而使得相差畸变、图像模糊并失真，这是超声导波无损健康监测领域亟待解决的关键性问题。对于介质不均匀声场的修正，以往的解决方法是获得介质空间的声学参数不均匀分布的先验知识，但是获取详细先验知识十分困难，因此将光学中不均匀介质的相位共轭法引入声学中，综合多方面知识后，将连续波的相位共轭法发展成为脉冲波的时间反转法，从而克服非均匀性介质分布的影响。不同光线在通过不均匀介质时产生相位差，使用相位共轭镜重新发射一个波阵面，此波阵面的相位与相位差共轭（即共轭相位波阵面），由此进行补偿，这种方法是光学领域的相位共轭法。以光学非线性晶体为介质，将波阵面与另一入射的二次谐波光波在空间混频就得到了共轭相位波阵面。

20 世纪 80 年代末，研究人员才能够在目标位置聚集声束。具体过程为：由于超声比光学频率低，学者通过换能器将接收到的声信号转化成电信号，再利用电学领域的混频方法制备了电信号的相位共轭信号，通过换能器发射出共轭声信号，从而实现了声束在目标方位的聚集。由此作为理论基础，实现了信号的采样、监测、存储、时间反转并重新发射的实用性系统。

### 3.2.1 时间反转镜技术在超声领域中的发展

法国巴黎大学的 Fink 教授及其科研团队，对于时间反转技术在超声领域中的应用做了大量深入细致的研究。Fink 于 1989 年首次提出在非均匀介质中，引用光学中的相位共轭镜的方法对目标的反射声波进行聚焦，以达到对其定位的目的[66]。在声学中实现相位共轭法要另辟蹊径，这是由于声波在介质中的传播性质不同于光波。声波以小振幅形式传播，所以波动方程可以被视为线性方程，因而震源、单频信号和多频信号中波的传播都遵循线性叠加原理。加之传感器线性相应声压，相位共轭法可以通过时间反法转来实现。通过理论分析，时间反转镜的特性表现为：

① 包括弱反射体和强反射体的多目标存在时，对 TRM 进行反复操作，结果表现为前者聚焦变弱甚至消失，而后者的聚焦依然存在；

② 在不均匀介质中，时间反转镜可以将目标和 TRM 之间的畸变修正，聚焦定位位置未知的反射体。

Fink 等建立了一个 64 元直线阵，用来证明以上 TRM 的两个特性。试验结果显示：多个目标存在于介质中时，反复使用 TRM 在反射最强的目标处形成聚焦；在各种非均匀介质中，TRM 可以补偿介质对信号的畸变，从而形成聚焦；由于 TRM 技术可在非均匀介质传递函数的时空匹配滤波，因此该技术可在非均匀介质中最优聚焦，且聚焦效果比一般的时延聚焦技术更加稳健。这些研究开启了时间反转法应用于实践中的先河。1989 年，Lkeda[67] 将相位共轭反转镜应用于医学领域，增强超声图像的质量，于 1992 年将 TRM 切实应用于粉碎肾结石的试验。

### 3.2.2 固体中的时间反转技术及研究现状

Fink 等对超声导波在固体中自聚焦的现象进行了理论研究，但该分析有明显的局限性，采用的是理论上的时间反转镜（换能器阵列）技术，无数个几何上的 δ 源（线源或点源）组成了换能器阵列。这种情况在实际的试验中是实现不了的。理论研究所获聚焦效果也不是十分理想。

1998 年，中国科学院声学研究所的魏炜、刘晨、汪承灏[68]对声束在固体中的自适应聚焦进行了研究，采用了时间反转的基本理论。时间反转镜的实现是通过采取一定数量的有限宽度的条状元组成换能器阵列来实现的。研究显示，信号时间反转方法可以提高声波信号在固体介质中的信噪比，可以改善信号聚焦效果，利用此方法实现固体介质中超声导波监测具有重大的现实意义。

# 3.3 超声导波时间反转聚焦分析

## 3.3.1 单个作动器/传感器的超声导波时间反转过程

首先，分析频域范围内时间反转方法的基本原理。如图 3.2 所示为超声导波信号在板中传播的模型，传感器 A（PZT-A）作为信号的作动器，通过作动器 A 点输入激励信号 $I(\omega)$，B（PZT-B）作为接收器收到结构在驱动下的响应信号 $V_{PB}(\omega)|_r$，该响应信号可写成

$$V_{PB}(r,\omega)=I(\omega)K_{PA}(\omega)K_{PB}G(r,\omega) \tag{3.1}$$

式中　$K_{PA}(\omega)$，$K_{PB}(\omega)$——PZT-A 和 PZT-B 的机电耦合系数；

$G$ ——结构的频率响应传递函数。

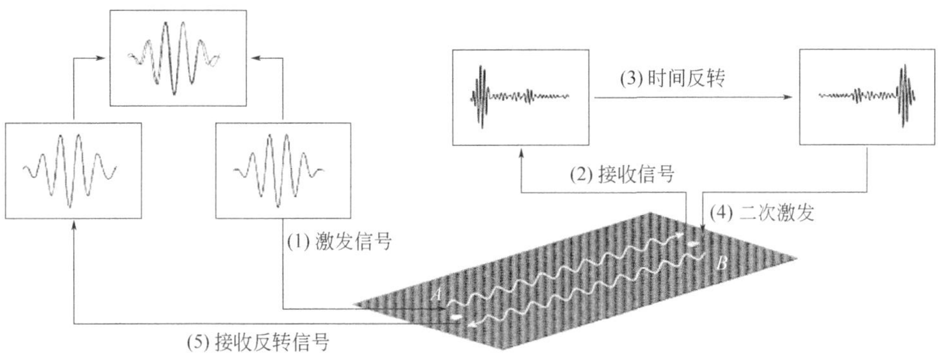


图 3.2　超声导波信号在板中传播的模型

对传感器接收到的数据信号进行时间反转处理，根据信号处理理论，信号在时频域内是共轭关系，于是得到反转信号的表达式为

$$\hat{V}^*_{PB}(r,\omega)=I^*(\omega){K^*}_{PA}(\omega){K^*}_{PB}G^*(r,\omega) \tag{3.2}$$

将导波信号 $\hat{V}^*_{PB}(r,\omega)$（经过时反处理）由 PZT-B 在 B 点再次激励，根据声波传播互易原理，对于传感器、作动器确定的结构，

传感器和作动器可以互易，并且具有相同的频率响应传递函数。因此，在 PZT-A 上接收到的结构响应信号 $V_{\mathrm{PA}}(r,\omega)$ 为

$$\begin{aligned} V_{\mathrm{PA}}(r,\omega) &= K_{\mathrm{PA}} \hat{V}^{*}_{\mathrm{PB}}(r,\omega) K_{\mathrm{PB}}(\omega) G(r,\omega) = I^{*}(\omega) K^{*}_{\mathrm{PA}}(\omega) K^{*}_{\mathrm{PB}}(\omega) G(r,\omega) G^{*}(r,\omega) \\ &= I^{*}(\omega) K^{*}_{\mathrm{PAB}}(\omega) G(r,\omega) G^{*}(r,\omega) \end{aligned} \tag{3.3}$$

式中　$K_{\mathrm{PAB}}(\omega)$——$K_{\mathrm{PA}}(\omega)$ 和 $K_{\mathrm{PB}}(\omega)$ 的乘积；

$K^{*}_{\mathrm{PAB}}(\omega) K_{\mathrm{PAB}} G(r,\omega) G^{*}(r,\omega)$——共轭复数乘积是实、偶、正函数，它的傅里叶变换在时间零点是同相叠加的，由此得出主峰峰值。

按照 PZT 传感器激励超声导波的数学模型，频率响应传递函数可以写成如下形式。

$$G(r,\omega) = \sum_{\mathrm{A}_i} a_{\mathrm{A}_i}(r,\omega) \mathrm{e}^{-jk_{\mathrm{A}_i} r} + \sum_{\mathrm{S}_i} a_{\mathrm{S}_i}(r,\omega) \mathrm{e}^{-jk_{\mathrm{S}_i} r},\ k_{\mathrm{A}_i} = \frac{\omega}{c_{\mathrm{A}_i}}, k_{\mathrm{S}_i} = \frac{\omega}{c_{\mathrm{S}_i}} \tag{3.4}$$

式中　$A_i, S_i$——第 $i$ 阶反对称模式和对称模式；

$a_{\mathrm{A}_i}(r,\omega)$，$k_{\mathrm{A}_i}$，$c_{\mathrm{A}_i}$——$\mathrm{A}_i$ 模式的信号幅值、波数和传播速度；

$a_{\mathrm{S}_i}(r,\omega)$，$k_{\mathrm{S}_i}$，$c_{\mathrm{S}_i}$——$\mathrm{S}_i$ 模式的超声导波信号幅值、波数和传播速度。

如果在管道中传播，式（3.4）则变为

$$\begin{aligned} G(r,\omega) &= \sum_{\mathrm{L}_i} a_{\mathrm{L}_i}(r,\omega) \mathrm{e}^{-jk_{\mathrm{L}_i} r} + \sum_{\mathrm{T}_i} a_{\mathrm{T}_i}(r,\omega) \mathrm{e}^{-jk_{\mathrm{T}_i} r} + \sum_{\mathrm{F}_i} a_{\mathrm{F}_i}(r,\omega) \mathrm{e}^{-jk_{\mathrm{F}_i} r}, \\ k_{\mathrm{L}_i} &= \frac{\omega}{c_{\mathrm{L}_i}}, k_{\mathrm{T}_i} = \frac{\omega}{c_{\mathrm{T}_i}}, k_{\mathrm{F}_i} = \frac{\omega}{c_{\mathrm{F}_i}} \end{aligned} \tag{3.5}$$

式中　$\mathrm{L}_i, \mathrm{T}_i, \mathrm{F}_i$——轴对称纵波、轴对称扭转波和非轴对称弯曲波；

$a_{\mathrm{L}_i}(r,\omega)$，$k_{\mathrm{L}_i}$，$c_{\mathrm{L}_i}$——轴对称纵波的信号幅值、波数和传播速度；

$a_{\mathrm{T}_i}(r,\omega)$，$k_{\mathrm{T}_i}$，$c_{\mathrm{T}_i}$——轴对称扭转波的超声导波信号幅值、波数和传播速度；

$a_{\mathrm{F}_i}(r,\omega)$，$k_{\mathrm{F}_i}$，$c_{\mathrm{F}_i}$——非轴对称弯曲波的超声导波信号幅值、波数和传播速度。

当存在L、T和F模式时，式（3.5）可以写成

$$V_{\mathrm{P1}(r,\omega)}=I^{*}(\omega)\left|K_{\mathrm{PAB}}(\omega)\right|^{2}\left[a_{\mathrm{L}}(r,\omega)\mathrm{e}^{-jk_{\mathrm{L}}r}+a_{\mathrm{T}}(r,\omega)\mathrm{e}^{-jk_{\mathrm{T}}r}+a_{\mathrm{F}}(r,\omega)\mathrm{e}^{-jk_{\mathrm{F}}r}\right]$$
$$\left[a_{\mathrm{L}}(r,\omega)\mathrm{e}^{jk_{\mathrm{L}}r}+a_{\mathrm{T}}(r,\omega)\mathrm{e}^{jk_{\mathrm{T}}r}+a_{\mathrm{F}}(r,\omega)\mathrm{e}^{jk_{\mathrm{F}}r}\right] \tag{3.6}$$

对上述信号实施傅里叶逆变换，可得

$$V_{\mathrm{P1}}(t)=\frac{1}{2\pi}\int_{-\infty}^{\infty}I^{*}(\omega)\left|K_{\mathrm{PAB}}(\omega)\right|^{2}G(r,\omega)G^{*}(r,\omega)\mathrm{e}^{j\omega t}\mathrm{d}\omega$$
$$=\frac{1}{2\pi}I(-t)\left|K_{\mathrm{PAB}}\right|^{2}\left[a_{\mathrm{L}}^{2}+a_{\mathrm{T}}^{2}+a_{\mathrm{F}}^{2}\right]+\frac{1}{2\pi}\left|K_{\mathrm{PAB}}\right|^{2}a_{\mathrm{L}}a_{\mathrm{T}}a_{\mathrm{F}}$$
$$\left\{\hat{I}\left[r\left(\frac{1}{c_{\mathrm{L}}}+\frac{1}{c_{\mathrm{T}}}-\frac{1}{c_{\mathrm{F}}}\right)-t\right]+\hat{I}\left[r\left(\frac{1}{c_{\mathrm{L}}}+\frac{1}{c_{\mathrm{F}}}-\frac{1}{c_{\mathrm{T}}}\right)-t\right]+\hat{I}\left[r\left(\frac{1}{c_{\mathrm{T}}}+\frac{1}{c_{\mathrm{F}}}-\frac{1}{c_{\mathrm{L}}}\right)-t\right]\right\} \tag{3.7}$$

从式（3.7）得出结论，当管道中存在L、T和F导波模态时，经过时间反转处理后在初始信号激励处得到的时间反转的回拨信号时间上可以分为两部分：一部分是在零时刻幅值为$1/2\pi\left|K_{\mathrm{PAB}}\right|^{2}\left[a_{\mathrm{L}}^{2}+a_{\mathrm{T}}^{2}+a_{\mathrm{F}}^{2}\right]$的激励信号时反信号的回波信号，该部分信号的幅值为三种不同模态信号幅值的叠加，幅值相比直接检测信号幅值变化很大，在整个数据信号中体现为幅值最大的为主波峰信号，对式（3.7）在时间上进行时间反转处理，处理后的信号与激励信号具有相同的表达形式，差别只是幅值，零时刻的主波峰也可以看成是对初始激励信号的重建信号；二是另一部分$\pm\left(r/c_{\mathrm{L}}-r/c_{\mathrm{T}}-r/c_{\mathrm{F}}\right)$时刻出现的幅值大小为$1/2\pi\left|K_{\mathrm{PAB}}\right|^{2}a_{\mathrm{T}}a_{\mathrm{F}}a_{\mathrm{L}}$的激励信号时反信号，可以明显得到结论，该部分信号的幅值要明显小于零时刻幅值，没有叠加情况，只是信号的旁瓣。从分析就可以得出结论，单个传感器/作动器可以实现时间反转信号在结构上的聚焦。

### 3.3.2 多个传感器的超声导波时间反转聚焦过程

如果在板结构中有多个传感器（压电阵列）时，根据上一小节的结论，在板结构上可以激励出L和$S_0$模态超声导波信号时，

那么第 $i$ 个传感器 $R_i$ 上得到的数据信号为

$$V_{R_i}(r_i)=I(\omega)K_A K_{R_i}G_i(r_i)=I(\omega)K_{AR_i}\left[a_{A_0}(r_i)e^{-jk_{A_0}r_i}+a_{S_0}(r_i)e^{-jk_{S_0}r_i}\right] \tag{3.8}$$

式中 $K_A$——PZT-A 与激励信号频率相关机电耦合系数；

$K_{R_i}$——第 $i$ 个传感器 R 与激励信号频率相关机电耦合系数，窄带激励时其值均为一个常数；

$K_{AR_i}(\omega)$——$K_A(\omega)$ 和 $K_{R_i}$ 的乘积；

$r_i$——第 $i$ 个传感器到作动器的距离。

对直接检测得到的信号进行时间反转处理后得到时间反转信号，在对应 PZT 传感器上加载，根据式（3.5），在 PZT-A 传感器上得到的数据信号为

$$\begin{aligned}&V_A(\omega)=\sum_i I^*(\omega)\left|K_{AR_i}(\omega)\right|^2\\&\left\{a_{A_0}^2(r_i)+a_{S_0}^2(r_i)+a_{A_0}(r_i)a_{S_0}(r_i)\left[e^{-j(k_{S_0}-k_{A_0})r_i}+e^{j(k_{S_0}-k_{A_0})r_i}\right]\right\}\end{aligned} \tag{3.9}$$

对其实施傅里叶逆变换，得

$$\begin{aligned}&V_A(t)=\frac{1}{2\pi}\sum_i\left|K_{AR_i}\right|^2\left[a_{A_0}^2(r_i)+a_{S_0}^2(r_i)\right]I(-t)+\\&\frac{1}{2\pi}\sum_i\left|K_{AR_i}\right|^2 a_{A_0}(r_i)a_{S_0}(r_i)\left[I\left(\frac{r_i}{c_{A_0}}-\frac{r_i}{c_{S_0}}-t\right)+\hat{I}\left(\frac{r_i}{c_{S_0}}-\frac{r_i}{c_{A_0}}-t\right)\right]\end{aligned} \tag{3.10}$$

在管道中，公式可推导为

$$\begin{aligned}&V_A(t)=\frac{1}{2\pi}\sum_i\left|K_{AR_i}\right|^2\left[a_L^2(r_i)+a_T^2(r_i)+a_F^2(r_i)\right]I(-t)+\\&\frac{1}{2\pi}\sum_i\left|K_{AR_i}\right|^2 a_L(r_i)a_T(r_i)a_F(r_i)\\&\left[I\left(\frac{r_i}{c_L}-\frac{r_i}{c_T}-\frac{r_i}{c_F}-t\right)+\hat{I}\left(\frac{r_i}{c_L}-\frac{r_i}{c_T}-\frac{r_i}{c_F}-t\right)\right]\end{aligned} \tag{3.11}$$

与板中得到的推论相类似，在式（3.10）与式（3.11）中可以得到几乎相同的结论，信号也可以分成两部分，零时刻主波峰和

旁瓣波峰，主波峰的聚焦信号由管中的 T、L、F 三种模态信号聚焦而成，旁瓣波峰由噪声信号与传感器距离不同产生的其他模态叠加而成，有的模态会相互抵消，所以峰值要明显小于主瓣峰值。综合以上原因，主波峰信号显著突出，由此形成了多传感器条件下超声导波时间反转聚焦原理和过程。

## 3.4 时间反转法在板中试验验证

根据脉冲回波法的原理，建立了一套试验系统，其组成部分有：任意波形信号发生器，信号功率放大器，用于激励和接收信号的 PZT 元件，被测铝板，数字示波器和计算机。

系统中所使用的信号发生器为 RIGOL DG10×2 系列双通道函数/任意波形发生器。该设备可输出 5 种基本波形和任意波形。任意波形的频率特性为 1μHz～5MHz，完全满足本试验的要求。具有丰富的调制功能，输出各种调制波形：调幅、调频、调相、线性和对数扫描及脉冲串模式。支持 USB 存储设备，可通过 USB 存储设备存储、读取波形配置参数及用户自定义任意波形。在超声导波监测试验中，通常均以脉冲作为激励信号，而一般的波形发生器原有的波形信号无法满足试验的要求，所以只能通过 USB 存储设备读取用户自定义的波形，本书试验中所采用的激励信号均为自定义脉冲信号。

RIGOL DS1000E 数字示波器作为信号采集设备。可实现对信号的采集、触发、存储和运筹运算等功能。可实现 1GSa/s 的实时采样和 25GSa/s 的等效采样，满足试验所需的采样率要求。该型数字示波器可实现随机信号的自动补偿功能，并带有数字滤波器功能，使接收到的信号更容易分析。

如图 3.3 所示，先将自定义的脉冲信号存入波形发生器，设置好频率、幅值和相位；将发生器的输出端与信号放大器的输入端连接，信号放大器的输出端与管道端部用作激励信号的 PZT 阵列 B 连接，接收信号的 PZT 片 D 与数字示波器连接。

此时，试验系统的线路被连接好。信号被激励后，通过信号放大器放大再输入 B 中，由于逆压电效应，B 会在板中产生应力波并沿铝板传播，当应力波（包括入射波和反射波）到达 D 所在位置时，由于压电效应，应力波被转化为电信号，被数字示波器所接收。最后将接收到的信号传至计算机分析系统，得到最后的监测结果。

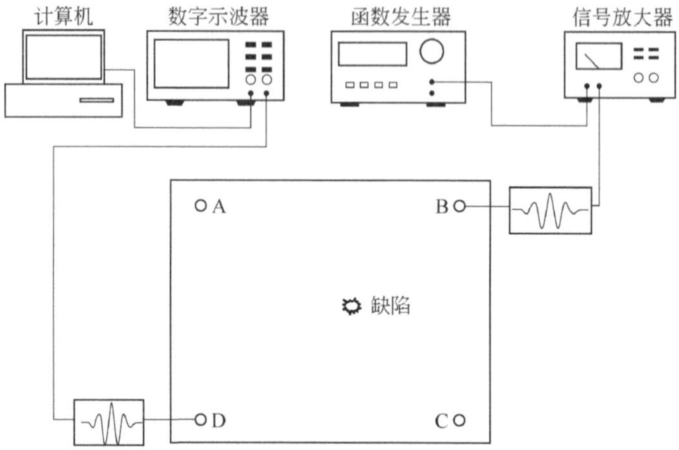


图 3.3　试验系统示意

试验试件为航空专用铝板，尺寸为 500mm×500mm×1mm。在结构中布置了 4 片压电元件作为驱动器和传感器，其编号和位置如图 3.3 所列，布置如图 3.4 所示，坐标原点为板中心。试验仪器如图 3.5 所示，压电元件采用的是保定市宏声声学电子器材有限公司生产的 PMN 型压电片，规格为 10mm×4mm×1mm，具体材料参数见表 3.1。

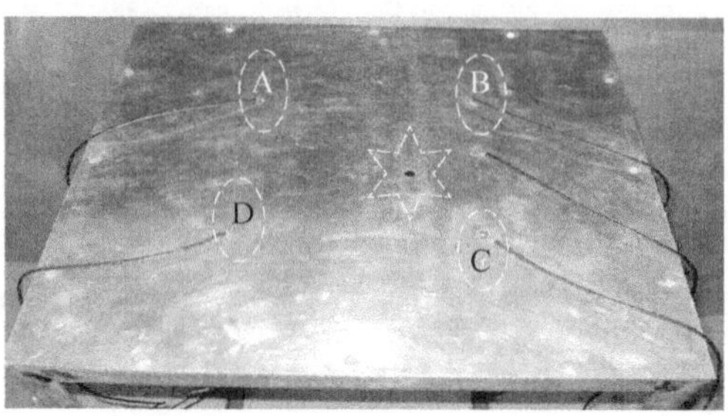


图 3.4　铝板及压电元件布置

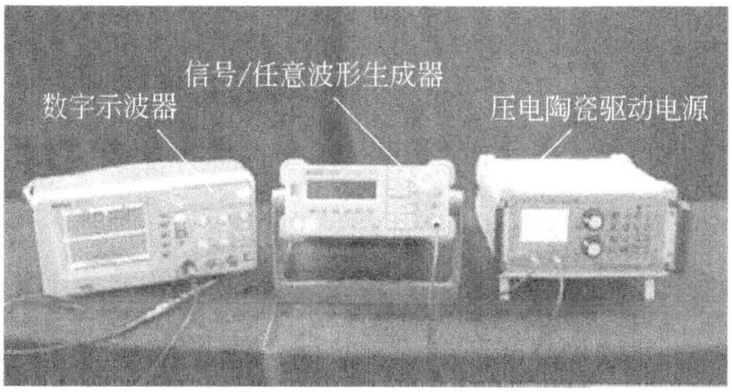


图 3.5　试验仪器

表 3.1　压电元件材料参数

| 类别 | 尺寸 /mm | 谐振频率 $f_s$/kHz | 机电耦合系数 $K_p$ | 静电容（$C_0$）/pF | 阻抗 $F_R$/Ω | 压电常数（d33） |
|---|---|---|---|---|---|---|
| PMN | 10×4×1 | 135～149 | ＞0.39 | 2100±20 | ＜150 | d33＞700 |

试验由两个部分组成（图 3.3）：单个作动器/传感器对超声导波的时间反转过程（激励源——B 号压电原件，传感器——D 号压电元件）；多个压电原件的超声导波时间反转聚焦过程（激励源——A 压电元件，传感器——B、C、D 号压电元件），激励信号中心频率为 70kHz。

首先，在激励源上加载功率放大器，放大传感器输出信号电荷，将其采集到计算机中；在相同的时间域内，将所有检测信号进行时间反转并统一放大，使信号的峰值与初始激励峰值相同。利用逆压电效应，在传感器上加载各自对应的放大后的信号，随之在激励源上采集聚焦后的信号。由于声波传播具有互异性，因此激励器和传感器可以互调，时间反转加载时，在对应的传感器加载并在激励器传感，等效于传感器传感的同时在作动器加载。

## 3.4.1　单个压电作动器/传感器对超声导波的时间反转聚焦试验及结果

如图 3.6 和图 3.7 所示为单个压电激励器/传感器对的时间反转聚焦试验过程和结论。其中，图 3.6（a）显示了在幅值 1V、中心频率 70kHz 窄带激励下，压电传感器 D 采集得到的超声导波结构响应信号，采样频率为 1MHz。对照板的频散曲线可知此时超声导波信号以 $S_0$ 和 $A_0$ 模式为主，各自峰值出现时刻分别为

0.0089ms 和 0.055ms，间隔 0.0461ms，最大幅值为 $S_0$ 模式的 0.276V，之后出现的为两个模式信号的边界反射信号。

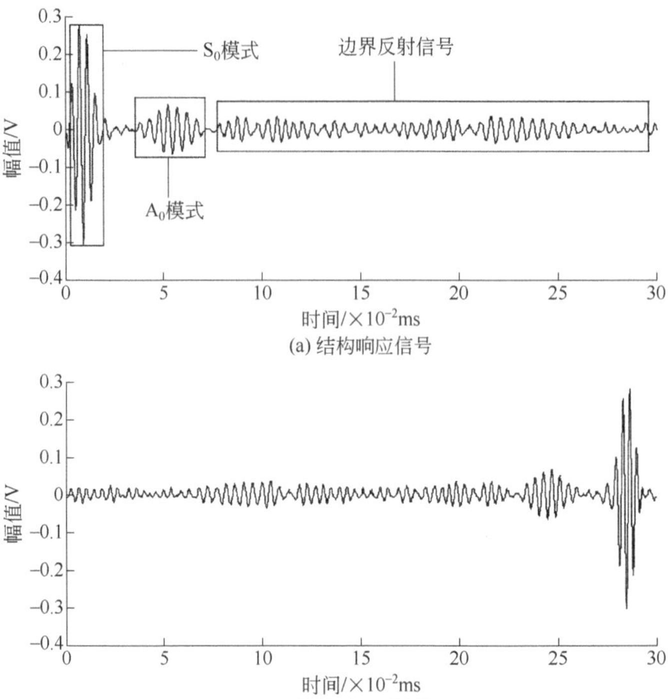


(a) 结构响应信号

(b) 结构时间反转信号

**图 3.6 中心频率在 70kHz 下的结构响应信号和时间反转信号**

通过分析可知，信号经过时间反转处理后，存在一个左右对称旁瓣波峰的聚焦波峰。图 3.7 显示，检测信号出现了一个峰值时刻为 0.148ms、幅值为 0.397V 的显著聚焦波峰，且此波峰左右对称出现了旁瓣信号。按照理论分析，距离主波峰最近的左右两个旁瓣信号，是由初始响应信号中最先出现的两个信号引起的（即 $A_0$ 和 $S_0$ 模式信号），因此它们出现的时间间隔应该与初始信号中的间隔相同。在图 3.7 中此对旁瓣信号的峰值出现时刻分别为 0.140ms 和 0.162ms，到聚焦波峰的间隔分别为 0.1365ms 和 0.137ms，而图 3.7 中的 $A_0$ 和 $S_0$ 两模式信号出现间隔为 0.1375ms，在误差允许范围内，可以认为间隔时间相等。70kHz 频率下的信号幅值见表 3.2。

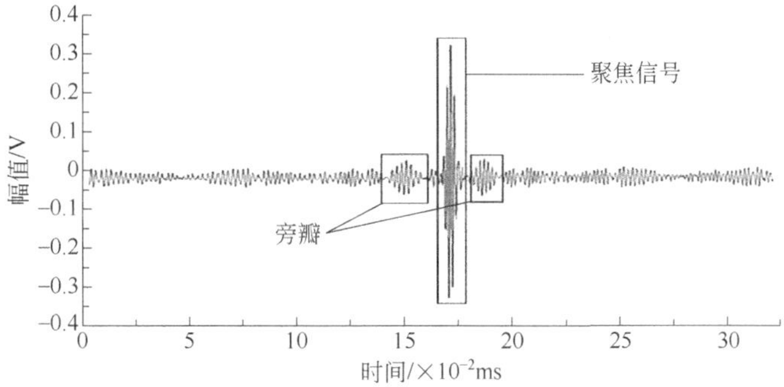


图 3.7　中心频率在 70kHz 下聚焦信号

表 3.2　70kHz 频率下的信号的幅值

| 频率/kHz | 第一次信号/mV | 聚焦信号/mV | 聚焦增益/dB |
|---|---|---|---|
| 70 | 0.28 | 0.37 | 2.42 |

结合前面的超声导波传播和时间反转原理分析，由于宽带激励信号频率成分较多，激励出的超声导波信号模式及频散现象严重，时反处理虽然可以实现对初始信号的聚焦重建，但是由于多个模式和频散现象存在，较窄带信号激励时的时反聚焦结果，聚焦信号的旁瓣复杂，因此聚焦波包并不能完整地重建初始激励信号。本书不予考虑宽带信号。

### 3.4.2　多个压电作动器/传感器对超声导波的时反聚焦试验及结果

采用一收一发的方式，采集到的回波信号有时非常微弱，很可能被噪声信号淹没，多路信号时间反转法可以用于处理单路信号时间反转不能充分聚焦峰值的信号。

图 3.8～图 3.11 显示了多个压电传感器（传感器阵列）的窄带激励信号时间反转聚焦过程及结果。其中，图 3.9 显示 A 号 PZT 传感器在激励 70kHz 信号时，B、C 号 PZT 传感器接收到的回波信号，和图 3.6（a）接收到的回波信号特征相同，主要包含 $S_0$ 和 $A_0$ 两种模态信号及边界反射信号。如图 3.9 所示为这些信号的时间反转信号。将上述信号以时间为参数加载于传感器上，即先到达先发送，后到达后发送，同步了各信号的加载和采集。

在初始激励端接收到的反聚焦信号如图 3.10 所示，聚焦效果十分明显，根据式（3.9）得出的结论，主波峰信号是由各时间反转聚焦信号不同模态的聚焦叠加形成的，旁瓣信号由转换模态和其他噪声信号随机叠加形成，由于不具备相关性，聚焦效果不是很明显，甚至会互相抵消。当 PZT 传感器数量更多时，聚焦将更加明显。

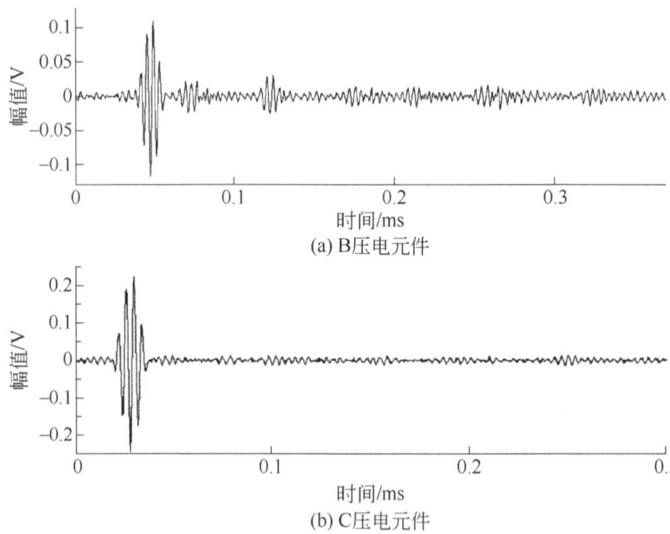


图 3.8　70kHz 激励下 B 和 C 压电元件采集到的导波结构响应信号

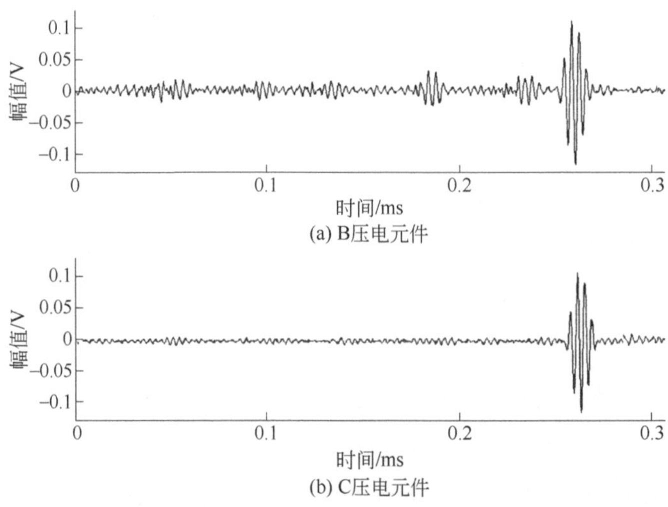


图 3.9　70kHz 激励下 B 和 C 压电元件采集到的导波时间反转信号

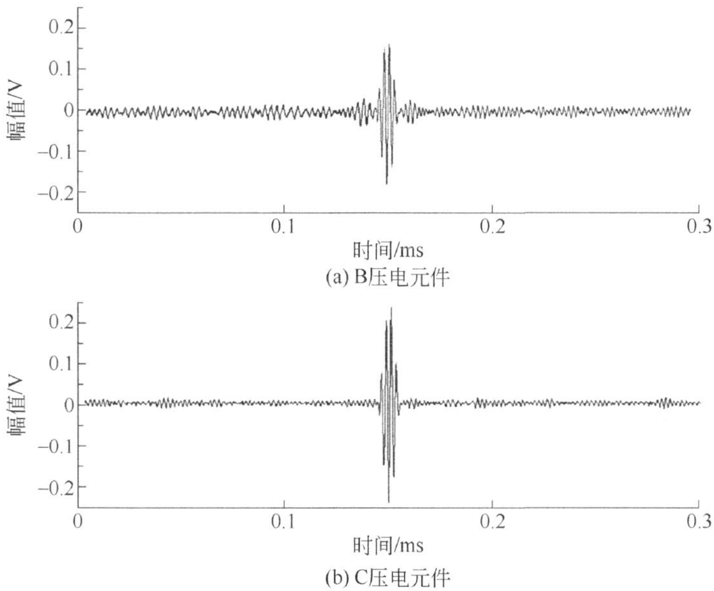


**图 3.10　70kHz 激励下 B 和 C 压电元件各时间反转聚焦信号**

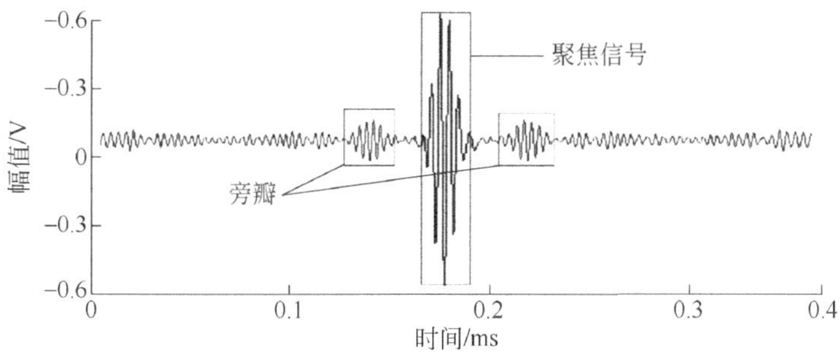


**图 3.11　多压电元件时的时间反转聚焦导波信号**

表 3.3 也说明了信号幅值聚焦增益，即聚焦信号值比一次信号幅值高出一定值。具体计算公式为：$d=20\ln(A_{tr}/A_0)$，式中，$A_0$ 为第一次接收信号；$A_{tr}$ 为时间反转信号。因此，1mm 厚的铝板中以 70kHz 频率激励导波时利用时间反转法聚焦信号的增益为 $d=20\ln(A_t/A_0)=20\ln(16/6)=8.51$，证明了时间反转法可以使信号产生聚焦增益。试验结果与理论分析一致。计算结果显示，70kHz 导波时间反转信号的聚焦增益最高。因此，采用 70kHz 的兰姆波作为激发频率监测 1mm 铝板获得效果最好。

表 3.3　1mm 厚铝板 70 kHz 频率下的信号的幅值

| 频率/kHz | 初始信号/mV | 聚焦信号/mV | 聚焦增益/dB | 反转前主副瓣比值 | 反转后主副瓣比值 |
|---|---|---|---|---|---|
| 一个压电作动器/传感器 | 0.28 | 0.37 | 2.42 | 11.19 | 18.26 |
| 两个压电作动器/传感器 | 0.12 | 0.19 | 3.99 | 8.78 | 12.46 |
| | 0.11 | 0.23 | 6.40 | 9.86 | 13.63 |
| 两个压电作动器/传感器叠加 | 0.115 | 0.57 | 13.90 | 10.8 | 14.04 |

分析表 3.3 数据可知，与单路时间反转信号相比，多路信号时间反转总信号的聚焦增益有较大提高。由此可知，当单路时间反转信号的聚焦增益效果不理想时，可以利用多路时间反转法来实现理想的效果。

从上述的试验过程可以看出，结构超声导波参与时间反转处理的传感器越多，聚焦效果越明显，信号越复杂，聚焦后信号与之前相比差别越大。时间反转法处理这种聚焦或重建复杂信号的特点为复杂、分析难度大的信号提供了思路，可以用于超声导波结构健康监测研究中。

窄带激励下的结构响应信号结构相对简单，控制信号的中心频率激发单一模式为主的超声导波信号，在窄带激励条件下有利于实现传播过程中二次波源的时间反转聚焦，主要原因是响应信号模式有限且传播过程简单，信号波包不会发生畸变。在对于损伤结构的监测中，损伤部位可被视为二次波源，产生损伤散射信号，对其进行时间反转处理，由此实现在损伤部位的信号聚焦。

## 3.5 本章小结

采用信号分析原理，分析了时间反转方法的基本原理；推导了超声导波的时间反转聚焦基本公式，分析了窄带激励信号条件下激发的超声导波信号聚焦；试验研究了单个和多个压电激励传感器在板中的信号时间反转聚焦过程，从而实现了对窄带超声导波信号的时间反转聚焦，为后续试验打下基础。

# 第 4 章 管道结构压电超声导波裂纹监测数值模拟

现有导波监测技术通常只能监测到大于管道截面 3%的缺陷的存在，无法在管道破损初期及时发现隐患进而防范泄漏事故。理论分析表明，时间反转法运用于管道导波监测时，可以在缺陷发生位置实现能量的聚焦，有望提高缺陷监测的灵敏度，实现小缺陷的监测。

本章将以有限元分析为主，介绍基于时间反转法的导波缺陷监测方法，并进一步论述时间反转方法对提高缺陷监测灵敏度的作用。

## 4.1 有限元数值模型

在超声导波监测的领域，常见数值模拟的研究主要有以下四种方法：有限差分方法（FDM）、有限元方法（FEM）、边界元方法（BEM）和半解析有限元方法（SAFE），其中以有限元方法的应用最为广泛。利用有限元方法能够在理想的情况下，模拟研究管道中导波对于缺陷的反射回波情况。本章所有有限元研究的结果都基于大型通用商业有限元软件 Ansys。Ansys 具有强大的前后处理和求解功能，并且具有良好的二次开发功能。通过参数化程序设计语言 APDL（ANSYS Parametric Design Language），可以在 Ansys 基础上添加自己开发的专用有限元程序包，从而建立适用于特定研究的“Ansys 有限元分析程序”。本章将利用 APDL 语言编写适用于管道缺陷导波监测研究的有限元程序包。

### 4.1.1 单元选取

在建立管道模型时，最常采用的是实体单元模型或者壳单元模型。理想情况下，采用实体单元将最接近模拟管道的实际情况，因为这种模型不仅可以在管道壁厚方向划分单元，还可以在管壁的延伸方向上划分单元。相对壳单元模型的简化，实体单元在几何建模上，几乎没有任何简化，因而能够获得非常精确的数值模拟结果。

并且在模拟管道裂纹缺陷方面，壳单元由于壁厚被简化，因此在壳单元管道模型上移去单元建立缺陷时，只能建立穿透整个管壁的通透型缺陷。而通过体单元建立的模型，则可以通过在壁厚方向划分单元的方法分析非通透型缺陷。同时，采用实体单元建模，将导致计算方程数目大幅度增加，需耗费大量的计算时间。

上述两种主要的管道模型建模方法各有优缺点，在实际的建模过程中，需要对这些模型进行对比，选择合适的模型用来进行数值模拟。在选择模型的过程中需要考虑各种因素，例如，如果希望所模拟的缺陷是非通透的，则可以排除壳单元；而如果希望计算量比较小，则最好不要选择实体单元模型等。一般情况下，计算量、模型的适用性与模型的合理性等因素之间一直存在无法解决的矛盾。

导波的结构代表了其传播过程中的质点振动模式，通常包括轴向位移、径向位移和角位移三个主要参数，一种模型是否能模拟某一模态的导波，通常要看该模型单元节点能否模拟该模态的轴向位移、径向位移和角位移。

本书所研究的管道均为薄壁管道，为了兼顾计算量与模型准确性之间的平衡，本书中的主要工作是采用壳单元模型完成的。壳单元（Shell63）是一种四边形 2D 单元，它主要给出四个节点和一个厚度实常数定义，为二维四边形单元。尽管它是二维单元，但由于它可在三维空间中任意定位，所以能够被用于构建三维模型。采用壳单元建立管道模型时，实际上是将管道壁简化为壳结构，它的优点是模型比较简单，生成单元数目相对较少，可以节约计算时间。缺点是由于管道均由一个四边形四节点薄壳单元划分而成，无法考虑计算过程中沿厚度方向的位移变化。综合考虑，在建立管道模型时选用 Shell63 壳单元为主。

### 4.1.2 模型建立

本书中数值模拟建立模型时，采用的单元类型均为四节点等参元 Shell63 单元，其中，每个节点的平移自由度和转动自由度均为三个。材料参数见表 4.1。

表 4.1 材料参数

| 弹性模量 $E$/ GPa | 泊松比 $\nu$ | 密度 $\rho$/(g/cm$^3$) |
| --- | --- | --- |
| 210 | 0.31 | 7850 |

本书中施加的为脉冲形式的位移荷载，施加位移的大小随着时间而改变。在进行求解中，选择瞬态动力学分析。Ansys 瞬态分析分为三种方法：完全法（Full）、缩减法（Reduced）和模态叠加法（Mode Superposition）。其中完全法采用完整的系统矩阵计算瞬态响应，在三种方法中最容易使用，功能最为强大，并且可以包含非线性特性，因此本书中选择瞬态分析中的完全法进行求解。

单元尺寸的划分符合 $L<\lambda/8$，式中，$\lambda$ 为激励的中心频率下存在的导波模态波长最小值。当单元尺寸为被激励模态中波长最小模态波长的 1/8，也即保证在一个波长的长度内，有足够多的单元数，以控制波形的传播误差在 0.5% 内。因此，设定管道圆周均匀划分为 48 个单元，单元轴向宽度为 3mm。计算过程中，时间步长按照 $\Delta T<0.8L/V_{\mathrm{g}}$ 的原则确定，式中 $L$ 为单元长度；$V_{\mathrm{g}}$ 为该激励频率下各导波模态的最大群速度。根据这个原则确定时间步长可以保证最快的导波模态在一个时间步长内的传播距离在一个单元内。通常，满足这一要求，就可以保证足够的计算精度。因此，选取计算的时间步长为 06μs。此外，总的计算时间满足 $T>2l/\min(V_{\mathrm{g}})$，式中，$l$ 为管道长度，这样可以保证采用脉冲回波法监测管道缺陷时，至少接收到群速度最慢的导波模态的一次回波信号。

## 4.2 超声导波管道裂纹监测中激励频率和模态选择

要想准确合理地选择导播模态和正确地选择激励频率，必须首先从理论上求出管道中不同导波模态的频散曲线，根据频散曲线的特征及参考位移曲线来确定模态和激励频率。因此，下面详细分析应如何选用导波模态模型和激励的导波频率。

本次测试采用的钢管长度为 3.0m，外径为 88mm，厚度为 4mm。计算使用的材料物理参数：泊松比为 0.29，波速为 5120 m/s，密度为 7850 kg/m$^3$ 。

采用上面选定的钢管具体参数，通过 Matlab 软件编定的频散曲线计算程序求解该种类型管道中得到的各种模态的频散曲线，频率范围选择为 0～80kHz。各模态下群速度与相速度频散曲线如图 4.1 所示。

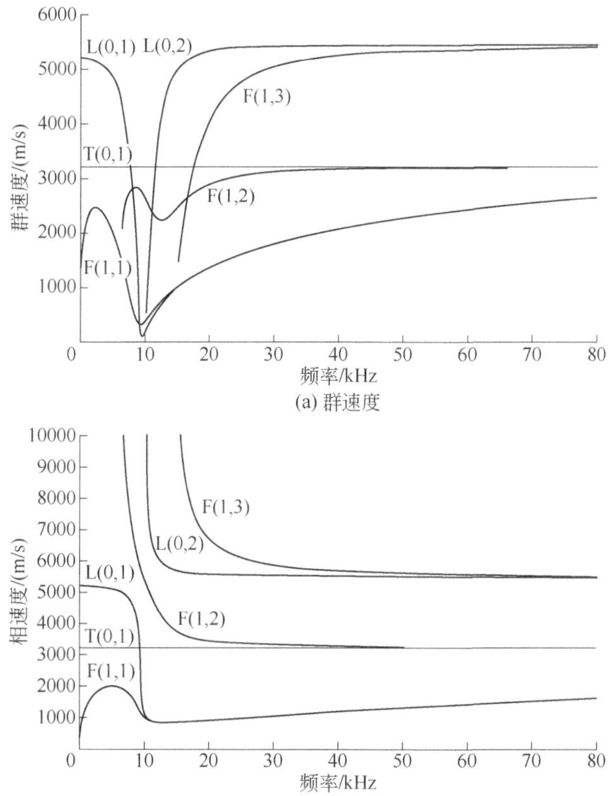


图 4.1　长度为 2m、外径为 88mm、管壁厚为 4mm 的钢管频散曲线

## 4.2.1 激励信号选取

为了尽可能降低导波在管中传播的频散程度，应选择单音频的激励信号。然而激励单音频信号几乎是不可能的，只能尽量让

选择的信号频带尽量窄。选取经过 Hanning 窗函数调制的 5～20 周期单音频正弦叠加信号作为激励信号，其表达式为

$$x(t)=(1-\cos\frac{2\pi f_c t}{n})\sin(2\pi f_c t) \tag{4.1}$$

式中 $n$——单音频的数目；

$f_c$——信号的中心频率。

为了减少频谱能量泄漏，可采用不同的截取函数对信号进行截短，截断函数称为窗函数，简称为窗。不同的窗函数对信号频谱的影响是不一样的，这主要是因为不同的窗函数，产生泄漏的大小不一样，频率分辨能力也不一样。信号的截短产生了能量泄漏，而用 FFT 算法计算频谱又产生了栅栏效应，从原理上讲这两种误差都是不能消除的，但是可以通过选择不同的窗函数对它们的影响进行抑制（矩形窗主瓣窄，旁瓣大，频率识别精度最高，幅值识别精度最低；布莱克曼窗主瓣宽，旁瓣小，频率识别精度最低，但幅值识别精度最高）。

本书选择 Hanning 窗作为调制函数，可以使单音频叠加信号的主瓣高，旁瓣迅速衰减，频谱能量集中于主瓣附近，信号识别的敏感度高。

图 4.1 所示的是中心频率为 70kHz、不同振荡周期的时域信号图及频谱比较图。从图 4.1 中可以看出，即使中心频率相同的调制信号，如果振荡周期不同，则所对应的频带宽度也不同。振荡周期越多，频带越窄，相反对应的时域宽度则越长。理论上选择频带越窄的信号，则频散程度越小，但是时域宽度的增加可能导致信号波包的叠加，同样给信号的处理带来困难。

### 4.2.2 激励信号周期

实际测试中根据式（4.1）计算选取经 Hanning 窗调制的脉冲信号，选取不同的周期数进行比较。图 4.2 中分别为中心频率 70kHz，下的 10 周期、15 周期、20 周期、30 周期的脉冲信号及信号的频谱图叠加比较。

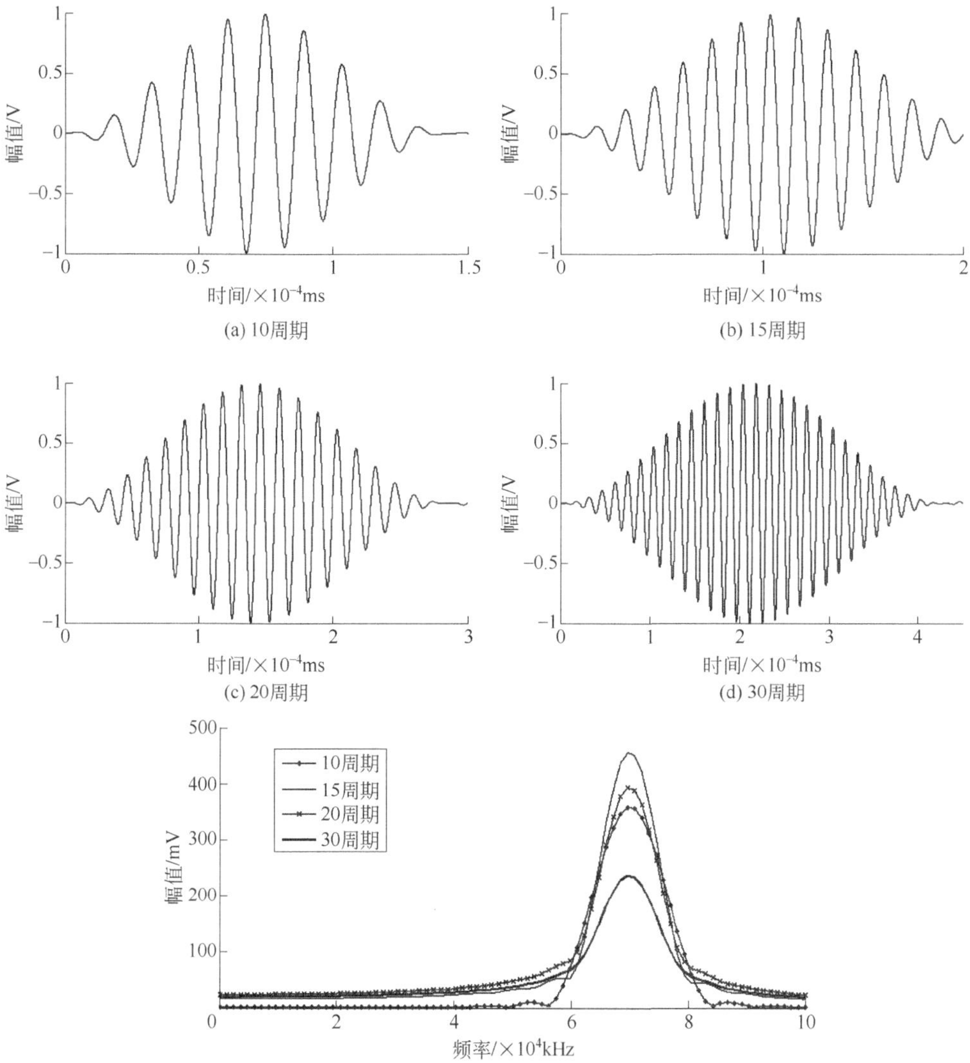


(a) 10周期　(b) 15周期　(c) 20周期　(d) 30周期　(e) 频谱图

**图 4.2　波形图和频谱图**

周期信号在 30kHz 与 50kHz 下的时域图与频谱图有相同的分布规律。不同频率下周期信号的脉冲宽度如表 4.2 所列。

**表 4.2　不同频率下周期信号的脉冲宽度**

| 频率/kHz | 10 周期 | 15 周期 | 20 周期 | 30 周期 |
| --- | --- | --- | --- | --- |
| 150 | 34.13 | 51.20 | 68.26 | 102.4 |
| 200 | 25.60 | 38.40 | 51.20 | 76.80 |
| 300 | 17.07 | 25.61 | 34.14 | 51.22 |

从图 4.2 和表 4.2 可以看出，周期数目越高的信号，其所占频带越窄，越有利于频率的控制，随着周期数的增加，信号持续时间越长，波形叠加的情况就会越严重，选择周期数的时候要综合考虑。

### 4.2.3 截止频率

从图 4.1 的管道频散曲线可以看出，每种模态的导波都有一个截止频率，这就要求激励频率的选择避开截止频率区，有的称为“盲区”。监测中，为了更容易地分析信号，提高监测灵敏度或者信噪比，尽可能激励单一模式的导波抑制其他模态导波，选定一个激励频率对应同时存在几个模态的导波，要求在选定的频率下，要激励的模态。以最常使用的 L(0,1)和 L(0,2)模态为例，在频散曲线上 L(0,1)模态呈现“低通”截止特性，而 L(0,2)模式呈现“高通”截止特性（图 4.3），得到的 L(0,2)模态“低通”截止频率 $f_{\text{lowpass}}$ 和 L(0,2)模态“高通”截止频率 $f_{\text{highpass}}$ 计算公式分别为

$$f_{\text{lowpass}} = \frac{v_0}{2\pi R_{\text{mean}}} \tag{4.2}$$

式中 $R_{\text{mean}}$——钢管平均半径；

$v_0$——杆速度。

$$v_0 = \sqrt{\frac{E}{\rho}} \tag{4.3}$$

式中 $E$——材料弹性模量；

$\rho$——材料的密度。

$$f_{\text{highpass}} = \frac{Kv_{\text{p}}}{2\pi R_{\text{mean}}} \tag{4.4}$$

式中 $K$——常数；

$v_{\text{p}}$——板中纵波速度。

$$K = \sqrt{1 + \frac{d^2(2+\nu)}{6R_{\text{mean}}^2(1-\nu)}} \tag{4.5}$$

$$v_p = \frac{v_0}{\sqrt{1-\nu^2}} \tag{4.6}$$

式中　$d$ ——管壁厚度的一半；

$\nu$ ——钢管材料的泊松比。

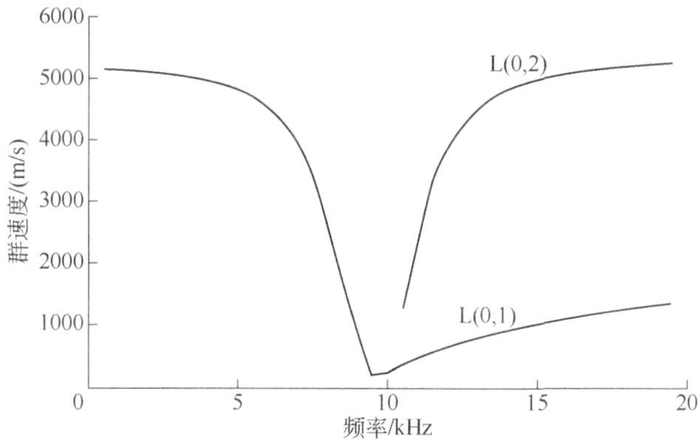


图 4.3　L(0,1)和 L(0,2)模态的截止频率

根据式（4.2）～式（4.6），可以计算出图 4.3 中所给定的管道频散曲线 L(0,1)模态和 L(0,2)模态导波局部分布情况。管的参数：密度为 7.890g/cm$^3$，泊松比为 0.29。根据公式，L(0,1)模态和 L(0,2)模态截止频率分别为 $f_{\text{lowpass}} = 9.87\text{kHz}$ ，$f_{\text{highpass}} = 10.3\text{kHz}$ 。

因此，当对管道进行裂纹检测时，确定截止频率就非常重要，应根据相应公式计算模态的截止频率，进而确定激励频率的范围；反之，选择处于盲区的激励频率就会造成后期信号分析的困难。

## 4.3 时间反转法的基本流程

为将时间反转法运用于导波监测，数值模拟时过程如下。

① 建立的含裂纹管道的有限元模型，根据 4.2 节确定的激励频率和模态选择的基本原则确定激励某一模态的导波，在选定的管道有限元模型节点上激励这一模态导波；提取各观测节点上的回波信号（位移时程曲线），对回波信号进行分析，为下一步和时

间反转信号比对做准备。

② 对所采集的信号数据选择不同的取点率，从同一时间点上，对观测节点接收到的回波信号（位移时程曲线）进行间隔取点。取点内容包含缺陷反射回波及转换模态波包信息，记录为 $f(t)$。

③ 对经过数据取点处理后的各个点的回波信号进行时间反转处理，生成各个节点的相应的时间反转激励信号 $f_{\mathrm{TR}}(t)$。信号满足：$f_{\mathrm{TR}}(t)=f(\tau-t)$。进行时间反转处理后，信号中传播速度慢的导波模态先被激励，速度快的后被激励，且保持激励各模态间的时间差与接收信号中的时间差相同，即先收到的先发，后收到的后发。

④ 选择接收信号的节点作为对应激励节点。在对应激励节点上激励经过时间反转数据处理后的信号，并在不同的接收节点上提取信号，进行叠加得到时间反转导波监测信号，再进行数据处理。

## 4.4 全信号取点率对监测能力的影响

根据时间反转导波监测的理论分析结果，每个存在的波源都会导致时间反转波场在源位置的聚焦，并且聚焦位置信号能量的大小，既与缺陷被动波源产生的激励能量大小有关，也与研究的时间反转波场中包含哪些导波模态以及这些模态的幅值相关。实际监测过程中，缺陷的特征是不受人为控制的，因此，在缺陷位置发生的反射和模态转换现象也是不可控的。既然无法控制缺陷被动波源产生的激励能量大小，就只能通过选择不同的导波模态信息来改变时间反转波入射至缺陷的能量（图 4.4）。

由于软件和仪器限制，如果做全信号的时间反转，对于数据的处理和机器的运算都带来比较大的困难，因此本书提出基于采点率的时间反转方法。采点率定义为所选取的点数和全信号点数的比值，用 $v$ 来表示。即每间隔几个点选一个点，这样既能反映整个信号的缺陷特征，又能有效减少运算量。

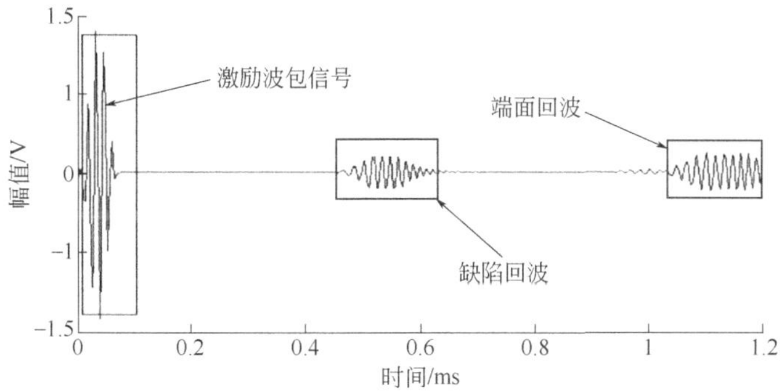


**图 4.4　模拟直接监测法获得的管道裂纹监测信号（轴向裂纹，裂纹长 50mm）**

为了将更多的监测能量聚焦在缺陷位置，增强监测能力，应尽可能完整地获取缺陷波源产生的波形信息，用于时间反转激励信号的生成，导波模态会随着波的传播最终在缺陷位置发生聚焦（图 4.5）。因此，采点率 $v$ 的大小是决定时间反转导波激励信号的关键。

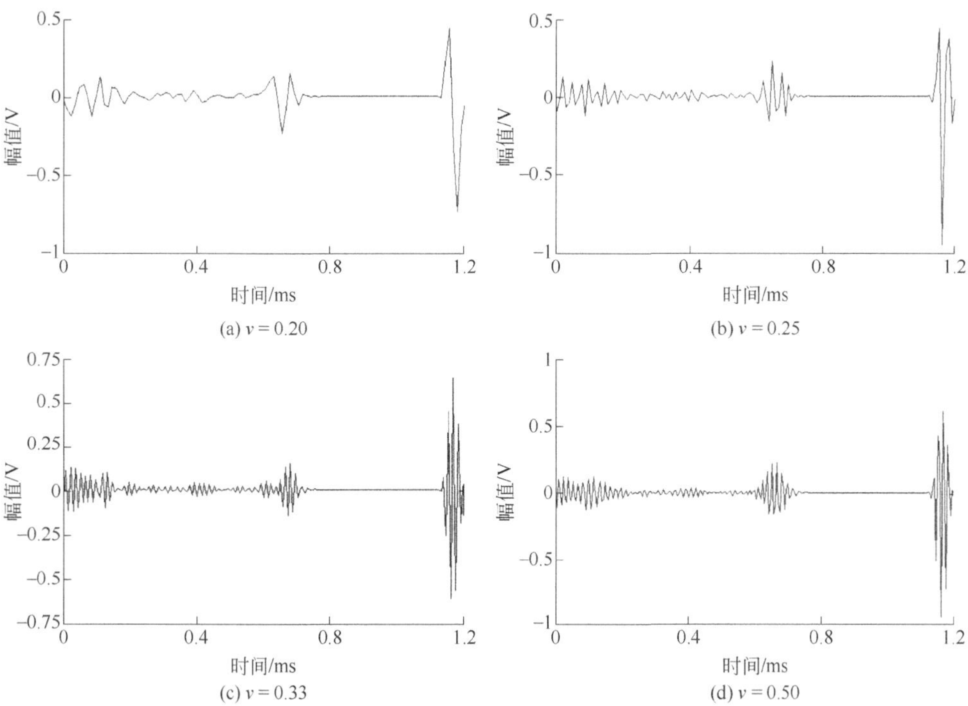


(a) $v=0.20$　(b) $v=0.25$　(c) $v=0.33$　(d) $v=0.50$

**图 4.5　不同取点率下时间反转激励信号**

以长为 50mm 轴向裂纹缺陷为例，选取不同的取点率下的时间反转激励信号，在管道有限元模型上，模拟激励频率 70kHz 的监测过程。选择管端部的 24 个节点同时加载，记录与各激励节点相邻的 24 个观测节点上的轴向位移时程曲线，将它们进行叠加得到直接导波监测方式的模拟监测结果，如图 4.6 所示。

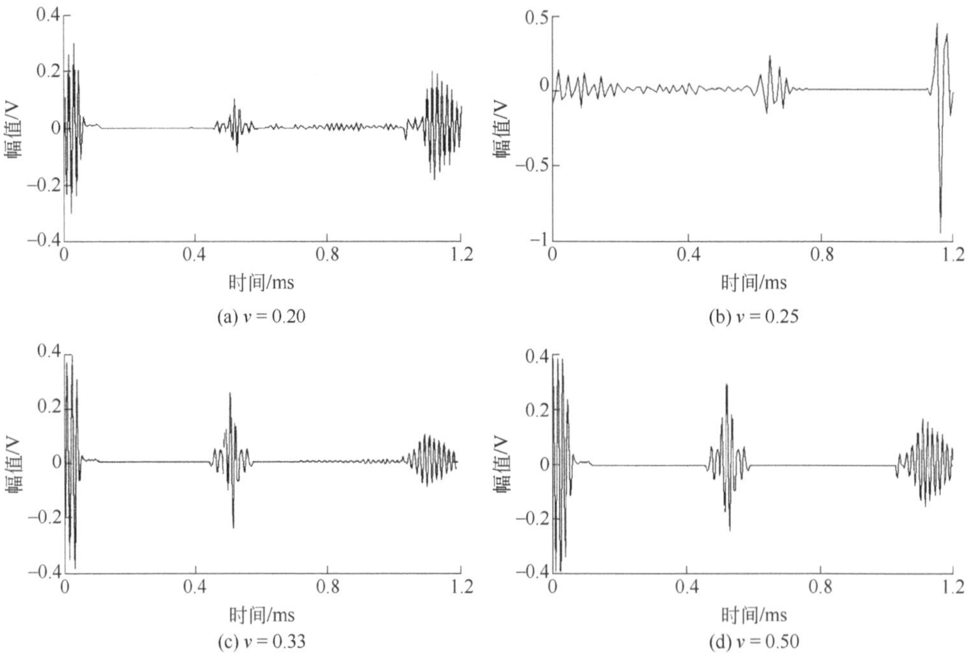


**图 4.6 采用不同的取点率 $v$ 得到的时间反转监测信号**

分别采用不同取点率进行全信号的选取。为确保选取的信号包含缺陷反射回波信息，图 4.6 为不同取点率用于信号选取并生成时间反转激励信号时，分别得到的模拟时间反转监测信号。当取点率为 0.20 时，缺陷反射系数为 0.0950，比未采用时间反转方法时提高了近 4.3 倍；随着取点率的增加，所包含的导波模态信息越多，缺陷反射回波幅值与激励波包幅值的差距就越小；当取点率增加到 0.50 时，在端面反射回波前出现的波形信息几乎全被用于时间反转激励信号的生成，此时，缺陷反射系数高达 0.8090，比之前几乎提高了 10 倍。

不同取点率作用于同样缺陷时可得到时间反转监测信号的缺

陷反射信号，所以在同一管道的相同位置出现的相同缺陷形成的被动波场也是不同的，不同取点率获得的波形信息量不同，这就决定了相应的时间反转波场也各自不同，由此获得的时间反转监测信号的容量也不同。在实际的监测过程中选择合适的取点率对于监测效果的好坏是十分重要的。

总体来说，时间反转监测法可以获得比直接导波监测法更大的缺陷反射系数，且该反射系数随着取点率的增加而增大。这是因为取点率增加后，更多的转换模态信息被用于生成时间反转激励信号，时间反转法的时间聚焦效应使得这些分散于不同导波模态的监测能量均聚集在缺陷位置，使监测能量得到较大增加。

## 4.5 模拟及结果分析

为了比较缺陷对激励信号的敏感程度，本书引入了反射系数的概念，其表达式为

$$\text{反射系数} = \frac{\text{缺陷回波幅值}}{\text{入射波幅值}} \tag{4.7}$$

管道结构中存在的缺陷形式是多种多样的，为了更全面地说明时间反转法能提高监测信号中的缺陷反射系数，即提高缺陷的监测能力，本书针对管道中最常出现的裂纹缺陷进行了数值模拟，包括周向裂纹、轴向裂纹和斜裂纹作为研究对象，通过改变缺陷的尺寸参数，分别得到几组模拟的直接导波监测信号缺陷反射系数和时间反转监测信号缺陷反射系数，研究时间反转法对缺陷反射系数影响。

### 4.5.1 周向裂纹

管道模型的截面半径为 35mm，壁厚为 4mm，裂纹位置距离信号激励端 1015mm。为了生成管道中单一周向裂纹，将一条直线分成了 3 段，中间线段的长度 2mm，为周向裂纹的宽度；将中间两侧的线段绕中心轴线旋转 360°，中间线段绕中心轴线旋转 280°，生成了长为 50mm 周向缺陷，如图 4.7 所示。

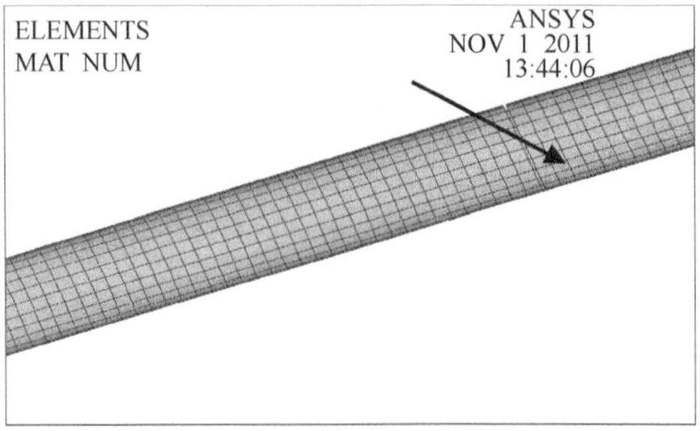


图 4.7　缺陷形式

端部加载方式及激励信号和频率的选取与上一小节中的相同。由于管道中存在缺陷，势必会干扰到其中应力波的传播，因此，应力波的传播将有别于在完好管道中的传播（图 4.8）。

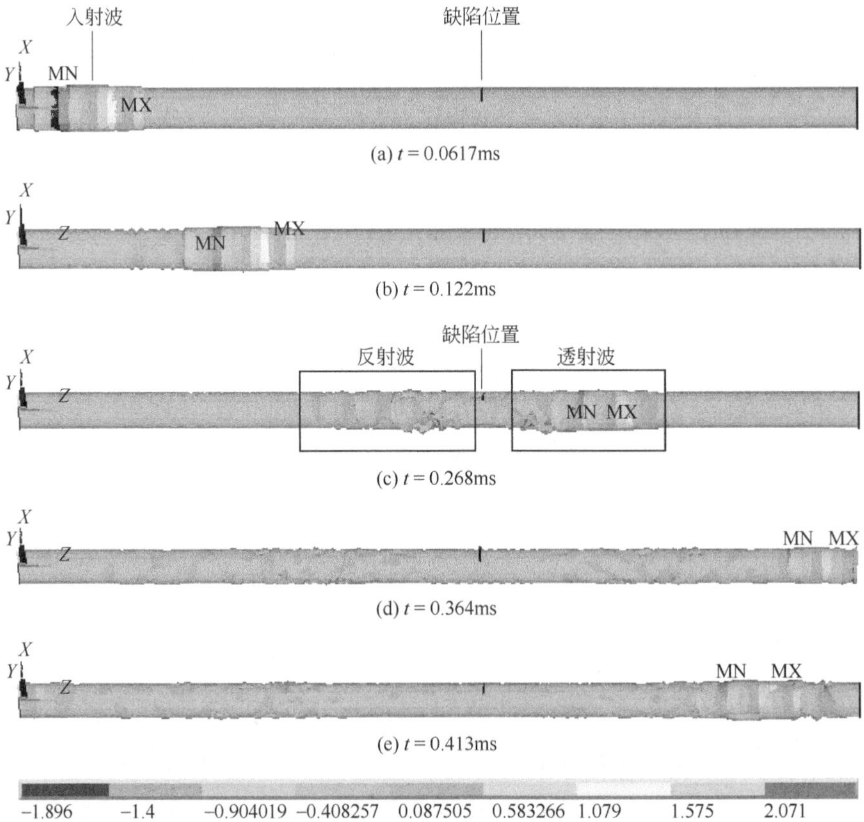


(a) $t = 0.0617$ms

(b) $t = 0.122$ms

(c) $t = 0.268$ms

(d) $t = 0.364$ms

(e) $t = 0.413$ms

(f) 位移对比

图 4.8　应力波传播

其中：

图 4.8（a）表示 $t$=0.0617ms 时，在管道模型中激励出应力波；

图 4.8（b）表示 $t$=0.122ms 时，应力波沿管道平稳地向前传播，直到遇到缺陷，波的成分才会发生改变；

图 4.8（c）表示 $t$=0.268ms 时，应力波在遇到缺陷后，一部分被缺陷反射，另一部分将透射过缺陷；

图 4.8（d）表示 $t$=0.364ms 时，反射波往回传播，透射波继续沿管道传播到管道末端；

图 4.8（e）表示 $t$=0.413ms 时，传播到管道末端的透射波被端面反射回来。

通过导波在缺陷管道中传播过程可知，导波遇到缺陷不但会发生反射，还会发生透射。当导波通过缺陷时，由于在圆周方向上的不对称性，将会转换成非轴对称模态。在距离激励端 20mm 位置的圆周节点接收到的信号、合并信号及频谱图如图 4.9 所示。

根据图 4.9 中单节点信号波形图可以证明，导波在管道中传播时，遇到缺陷不但发生反射和透射，还会发生模态转换现象，这与理论完全一致。

第 11 号节点、第 1036 号节点、第 2627 号节点、第 3201 号节点轴向位置相同，但与缺陷的周向夹角不同，因此在各自接收的信号中，缺陷回波后的转换模态各不相同，但是由于 L(0,2)模态的速度最快，所以缺陷回波最先被接收，其他转换模态后到达接收点。因此在管中存在单一缺陷时，转换模态对确定裂纹位置的影响较小。但当管中存在轴向位置不同的多个缺陷时，转换模态将会使得缺陷回波难以识别。由于裂纹多为不对称的，所以转换模态为弯曲波，为了消除弯曲波对识别缺陷回波的影响，可将接收位置圆周上的 24 个节点所接收到的信号相加平均，之后得到的位移时程曲线，消除了其中的弯曲模态。如图 4.9（e）所示，信号叠加后，缺陷回波后的弯曲模态被消除。而且叠加后缺陷回波和端面回波之间没有其他波包出现，所以周向裂纹转换的模态为弯曲模态。

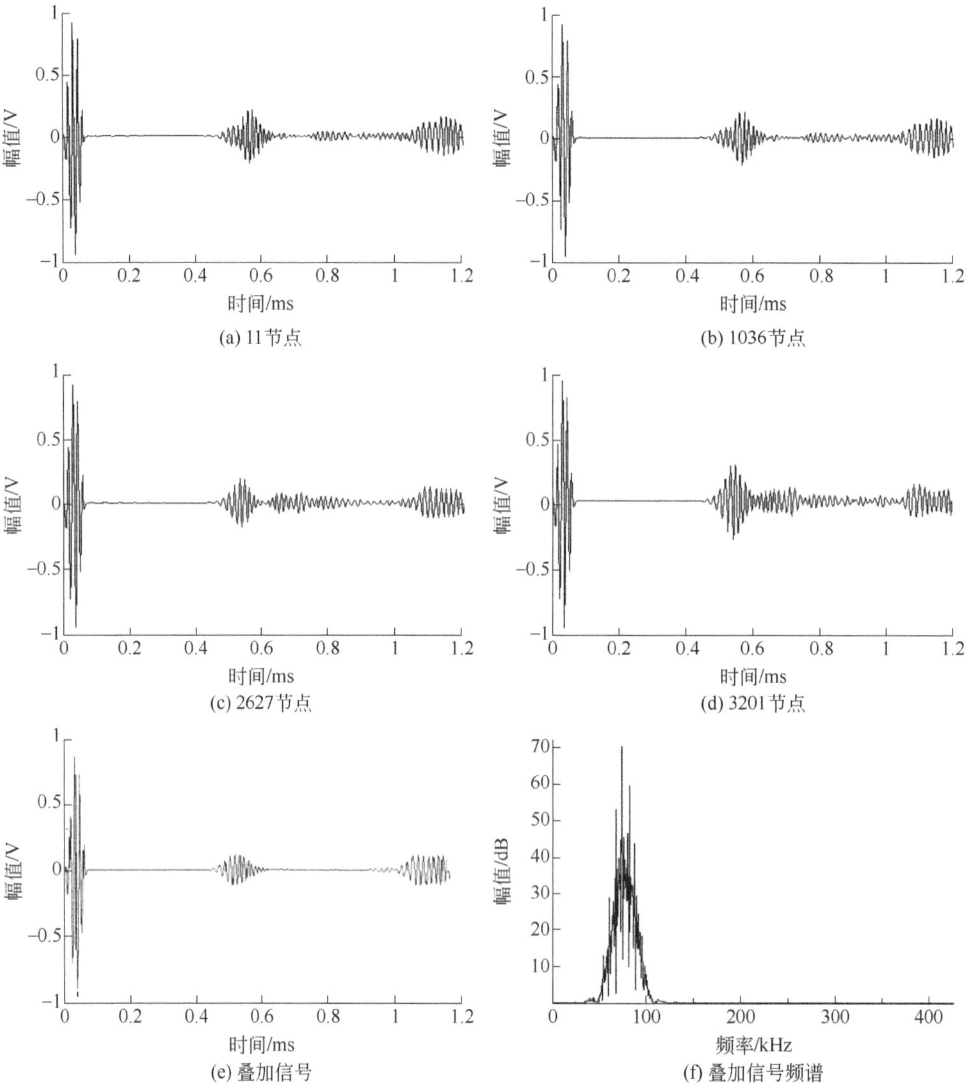


**图 4.9　单节点与叠加信号波形**

对采集到的模拟监测信号进行时间反转处理，反转过程中，采用的时间反转信号取点率 $v$=0.1，选择接收信号的节点作为对应激励节点激励信号，得到反转接收信号，对不同的节点提取轴向位移时程曲线，对各个节点得到的信号进行叠加得到导波时间反转数值模拟回波信号。结果如图 4.10（a）～（d）所示，与直接导波监测信号相比，经过时间反转法作用后，缺陷反射系数被提高的倍数同时标示于图中，数据保留到小数点后 1 位。

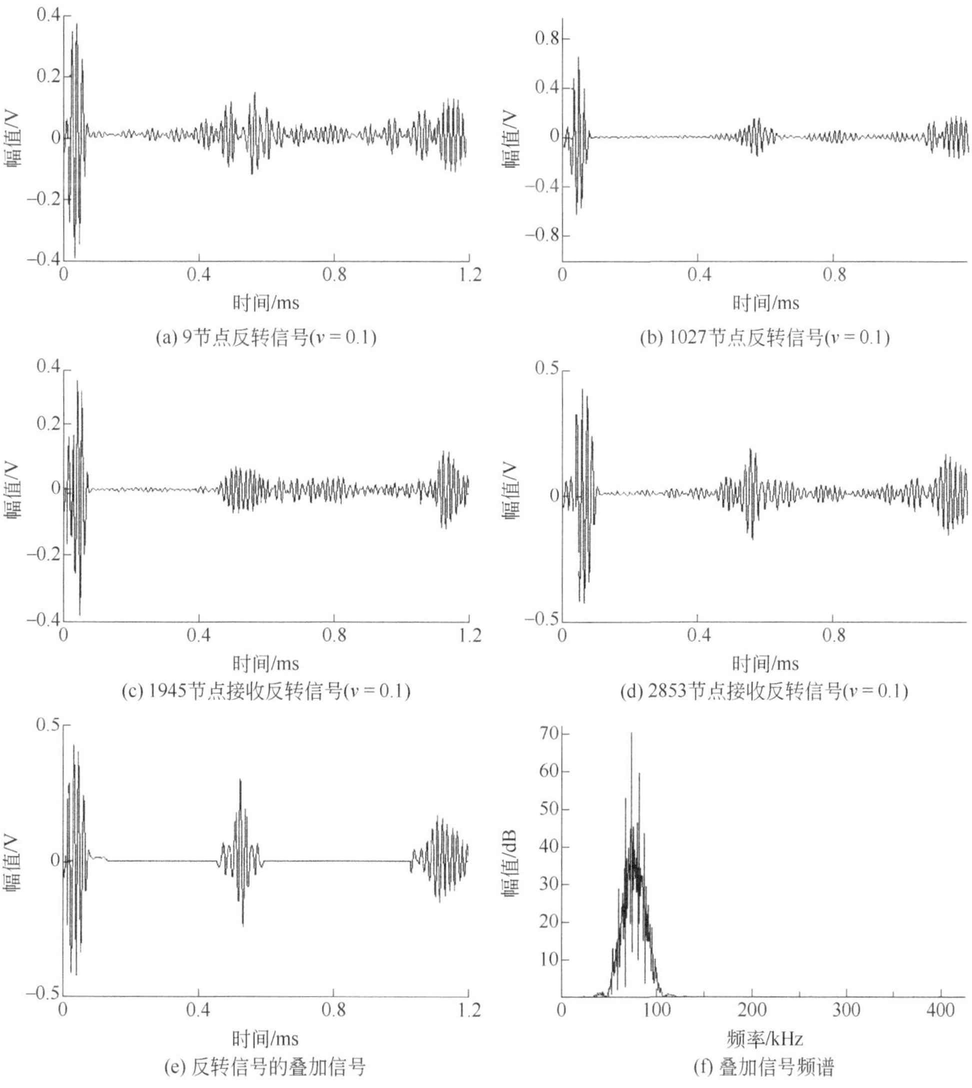


**图 4.10 时间反转信号及频谱**

图 4.11 结果显示，对于周向裂纹缺陷，当周向裂纹长度变化（分别为 1/8 圆周、1/4 圆周、1/3 圆周、1/2 圆周）时，裂纹的两个尖端造成的模态转换现象导致出现的各导波模态在时间轴上相距更远，经过时间反转法作用后，监测信号中缺陷反射系数会得到更大的放大倍数。

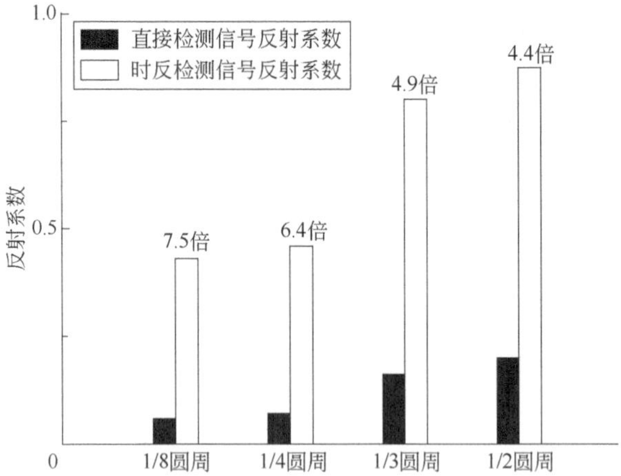


图 4.11　周向裂纹直接监测信号与时间反转信号的缺陷反射系数比较

## 4.5.2 轴向裂纹

模型长 1715mm，外半径 37.5mm，壁厚 5mm，裂纹长分别为 50mm、100mm、150mm，宽 4mm，轴向裂纹的中心位置距离信号激励端 800mm。轴向裂纹缺陷示意如图 4.12 所示。

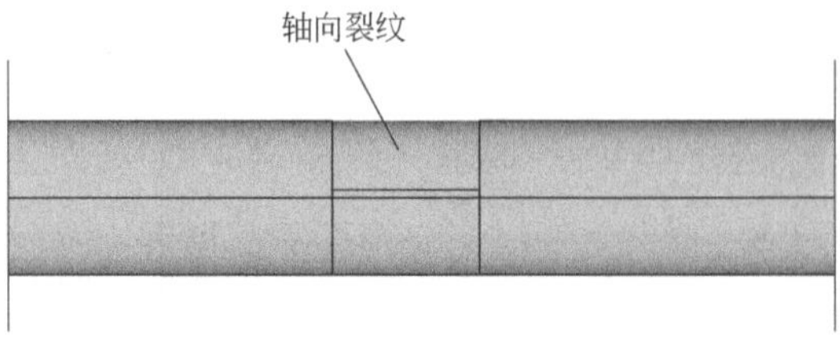


图 4.12　轴向裂纹缺陷示意

根据前面对导波的模态分析可知，扭转模态的导波对纵向裂纹比较敏感，根据管道导波的频散曲线选取频率为 33.3kHz 的 T(0,1)模态。为了在管中激励出 T(0,1)模态，需在端部节点上施加切向位移，如图 4.13 所示。

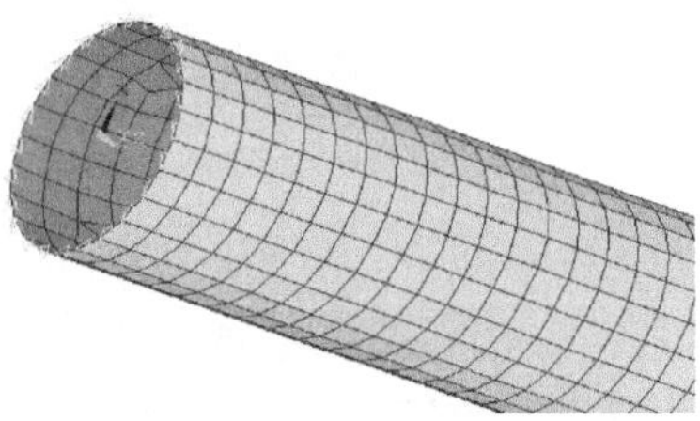

图 4.13　端部加载方式

由于端部各节点受到圆周切线方向的位移荷载，应力波将以扭转形态沿管道向前传播。

如图 4.14 所示为含有轴向裂纹的管道导波传播过程，其中：

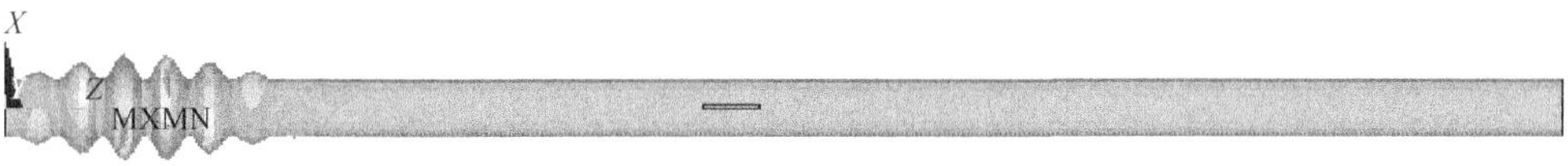


(a) $t = 0.123$ms

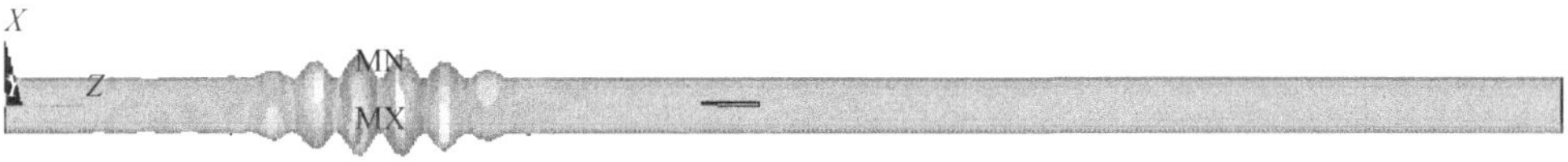


(b) $t = 0.204$ms

(c) $t = 0.406$ms

(d) $t = 0.487$ms

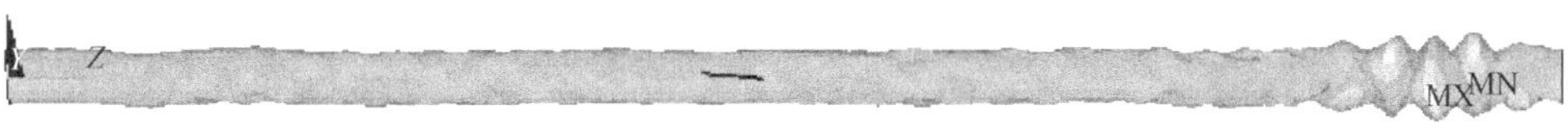


(e) $t = 0.648$ms

(f) 位移对比

**图 4.14　应力波传播示意**

图 4.14（a）表示在 $t$=0.123ms 时，管中产生应力波；

图 4.14（b）表示在 $t$=0.204ms 时，应力波沿着管道向右传播；

图 4.14（c）表示在 $t$=0.406ms 时，应力波遇到缺陷，被分为反射波和透射波；

图 4.14（d）表示在 $t$=0.487ms 时，透射波和反射波向不同方向传播；

图 4.14（e）表示在 $t$=0.648ms 时，透射波遇到管道末端后被反射；

图 4.14（f）表示位移对比图。

接收点位于距离信号激励端 20mm 处，此处不同周向节点记录的位移时程曲线也是不同的。

图 4.15（a）所示为 2492 号节点接收到的位移时程曲线，其所在位置的母线与裂纹所在母线成 180° 转角，其监测到的缺陷幅值与其他监测点相比最小。图 4.15（b）所示为 990 节点收到的

节点接收到的位移时程曲线图，该节点距离缺陷更近幅值也逐渐变大。图 4.15（c）所示是 509 号节点接收到的位移时程曲线，其所在位置位于裂纹所在的母线上，与其他监测点相比接收到的缺陷幅值最大。图 4.15（d）所示的是圆周所有节点监测到的位移时程曲线相加平均后的结果，其中可以看出，叠加后的缺陷幅值可以大于单个节点的幅值，也可以小于单个节点的幅值。

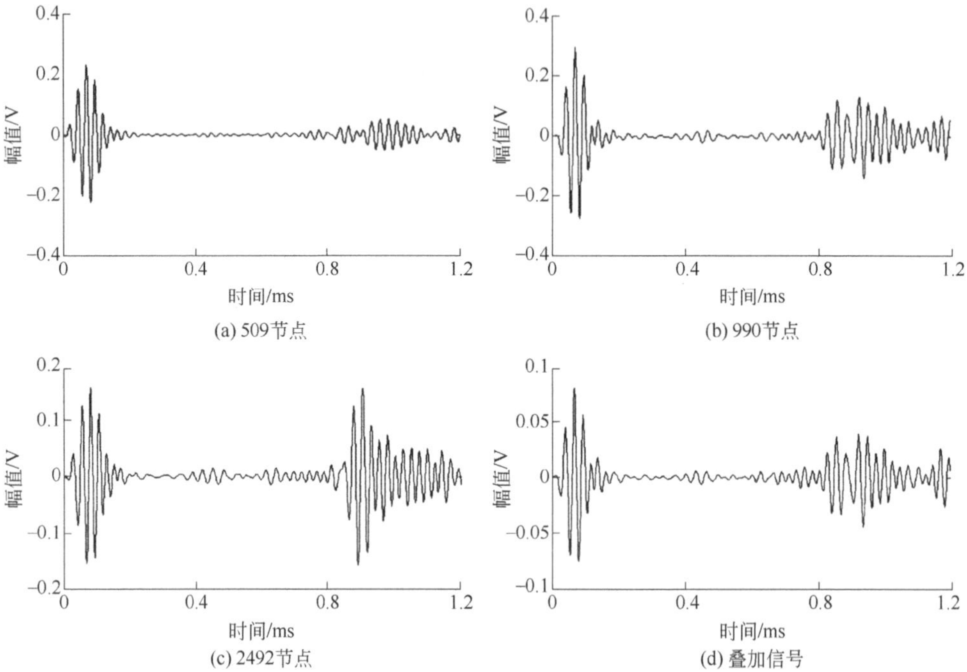


**图 4.15　位移时程曲线**

根据叠加信号测得入射波和末端回波之间的时间差为 1.072ms，模型长 1715mm，可得应力波的传播速度为 3200m/s，而根据频散曲线得到的 T(0,1)模态的群速度为 3207m/s。根据模型计算的传播速度，判断裂纹位置为

$$x = \frac{2L}{t} = 780.8\text{mm}$$

模型接收点与缺陷中心位置相距 780mm，计算结果与实际位置仅相差 0.8mm。

时间反转信号及频谱如图 4.16 所示。

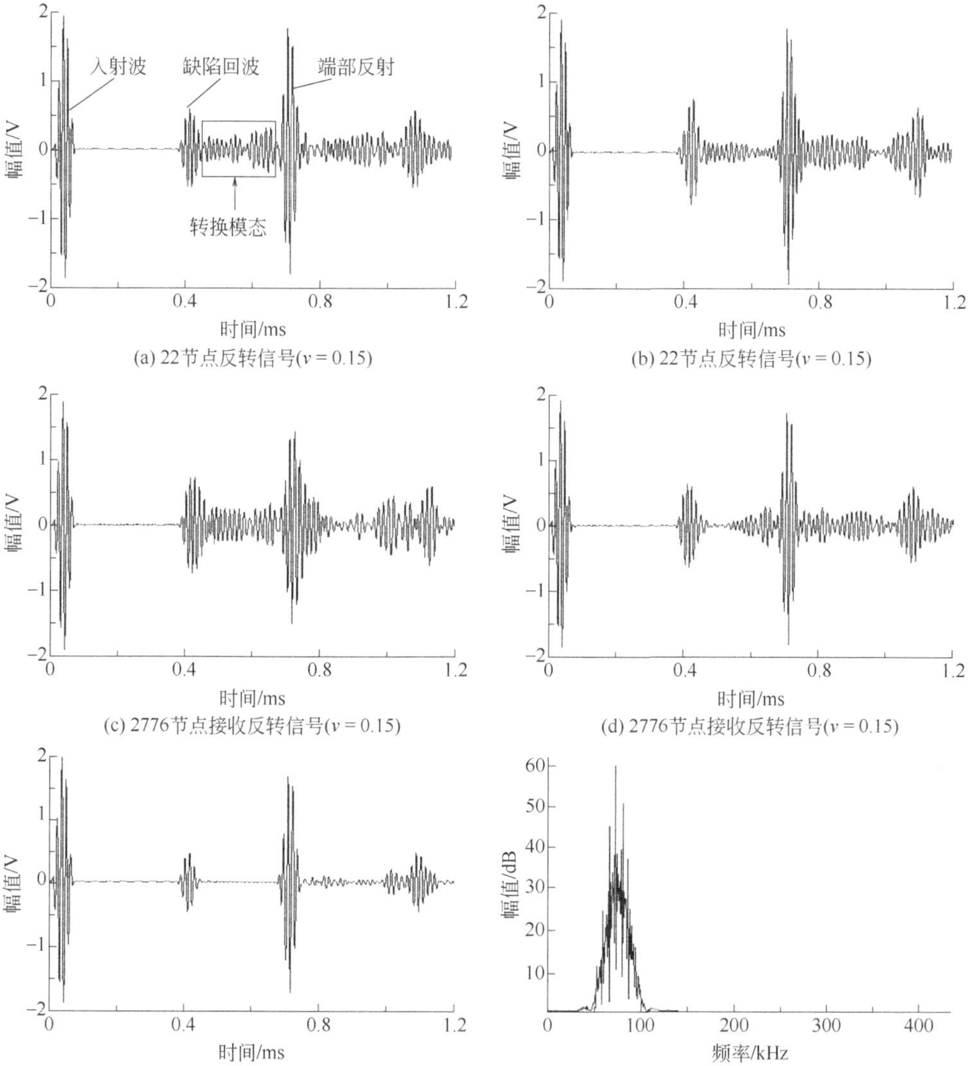


(a) 22节点反转信号($v=0.15$)　(b) 22节点反转信号($v=0.15$)
(c) 2776节点接收反转信号($v=0.15$)　(d) 2776节点接收反转信号($v=0.15$)
(e) 叠加信号　(f) 叠加信号频谱

**图 4.16　时间反转信号及频谱**

图 4.17 的结果显示，对于轴向裂纹缺陷，当裂纹长度变化（分别为 50mm、100mm、150mm）时，裂纹的两个尖端造成的模态转换现象更严重，经过时间反转法作用后，监测信号中缺陷反射系数会得到更大的放大倍数。图 4.17 的结果则进一步表明，随着裂缝尺寸的逐步变化，经过时间反转法作用后的缺陷反射系数放大倍数有较大改变。

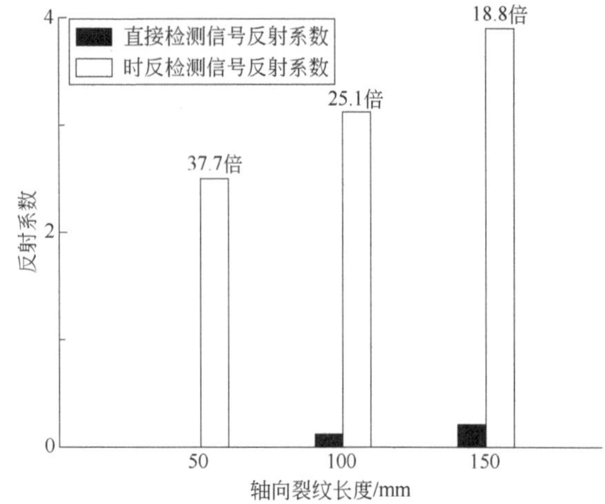


**图 4.17　斜裂纹直接监测信号与时间反转信号的缺陷反射系数比较**

为确定 L(0,2)模态对轴向裂纹的不敏感性，与试验结果进行对比，对此管道模型施加了频率为 75kHz 的 5 峰波，在管道中产生 L(0,2)模态导波。分别记录了 135 号节点、859 号节点、2241 号节点以及叠加信号的位移时程曲线，如图 4.18 所示。

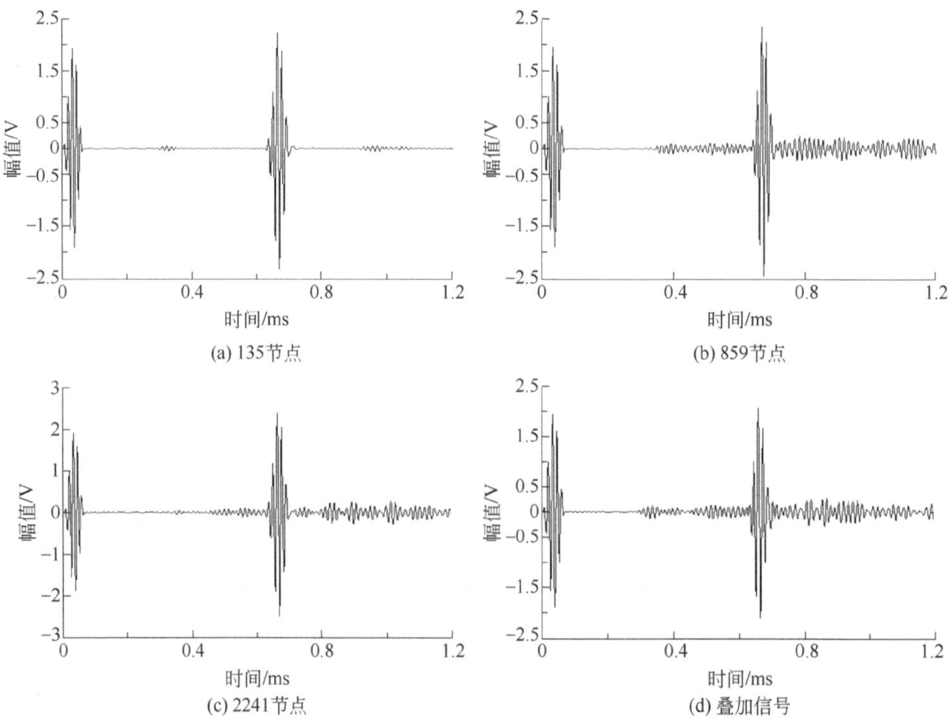


**图 4.18　位移时程曲线**

从图 4.18 中可以看出，无论是单个记录点记录的信号，还是叠加的信号，其裂纹回波都非常小，很难确定裂纹回波的起点位置，由此可以判断纵向模态对轴向裂纹的敏感程度低，不适宜采用此模态的导波信号作为监测轴向裂纹的信号，因此可以通过分别激励纵向和扭转两种模态的导波信号来监测管道中存在的周向或轴向缺陷。

### 4.5.3 斜向裂纹

本节中模拟的斜裂纹与管道轴线的夹角分别为 30°、45°、60°和 75°。管道模型长 1800mm，四种斜裂纹中心点与信号激励端的距离均为 900mm。裂纹模型如图 4.19 所示。

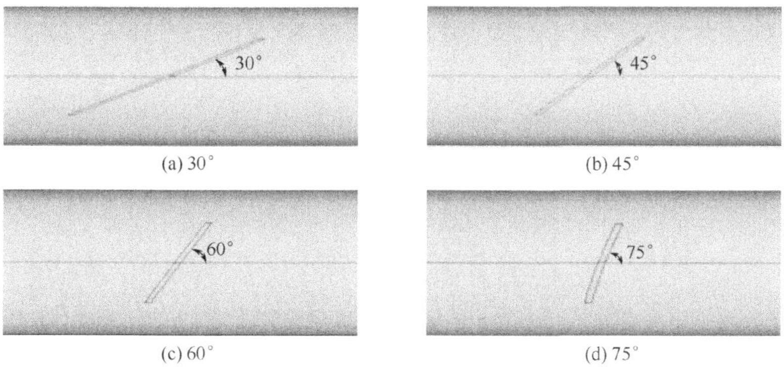


图 4.19 裂纹模型

当裂纹与圆管母线夹角不同时，导波在管中传播的反射系数也不同，现以含 30° 夹角裂纹管中导波传播过程为例，如图 4.20 所示。

根据对周向裂纹的数值模拟可知，导波在遇到缺陷时会发生反射、透射和模态转换。为了研究不同斜角对这些现象的影响，分别对 3 种工况下得到的单节点信号和叠加信号进行了分析（图 4.21）。由于篇幅所限，45° 夹角裂纹管部分结果未列出。

图 4.21 中分别为 4 种夹角下，同一位置节点接收到的位移时程曲线。从图 4.21 中可以看到，3 种工况下，730 号节点记录的位移时程曲线中，转换模态与缺陷回波有一部分叠加在一起，而叠加的这部分模态是否为弯曲模态却无法确定。为了消除弯曲模态对信号识别的影响，将圆周各节点的信号相叠加平均后得到不同夹角的位移时程曲线。

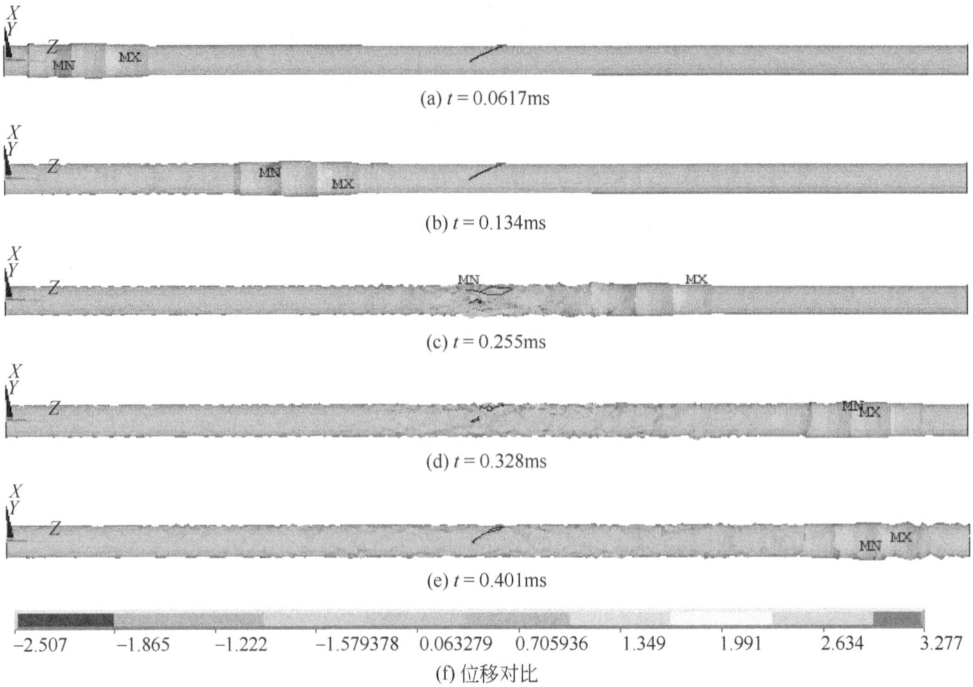


图 4.20　含 30°裂纹管中导波传播过程

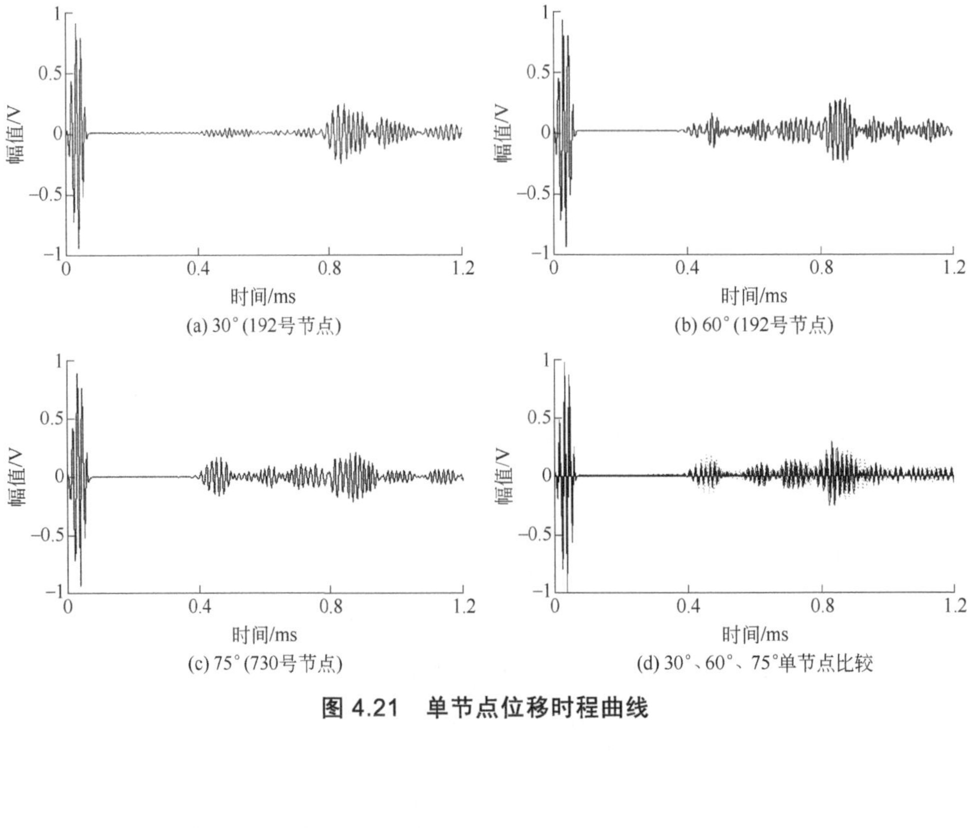


图 4.21　单节点位移时程曲线

从图4.22（a）～（d）中可以看出，叠加后的位移时程曲线中，缺陷回波与末端回波之间的位移时程曲线差别较大。当裂纹与管道母线夹角小于45°，导波遇到缺陷时会伴随转换的轴对称和非轴对称模态出现，叠加后会消除弯曲模态的影响，却无法消除轴对称模态的影响，而且转换的轴对称模态较为明显。在叠加的60°和75°裂纹的位移时程曲线中，弯曲模态被消除，转换的对称模态不太明显。由此可知，裂纹与管道母线夹角越小，模态转换越严重。

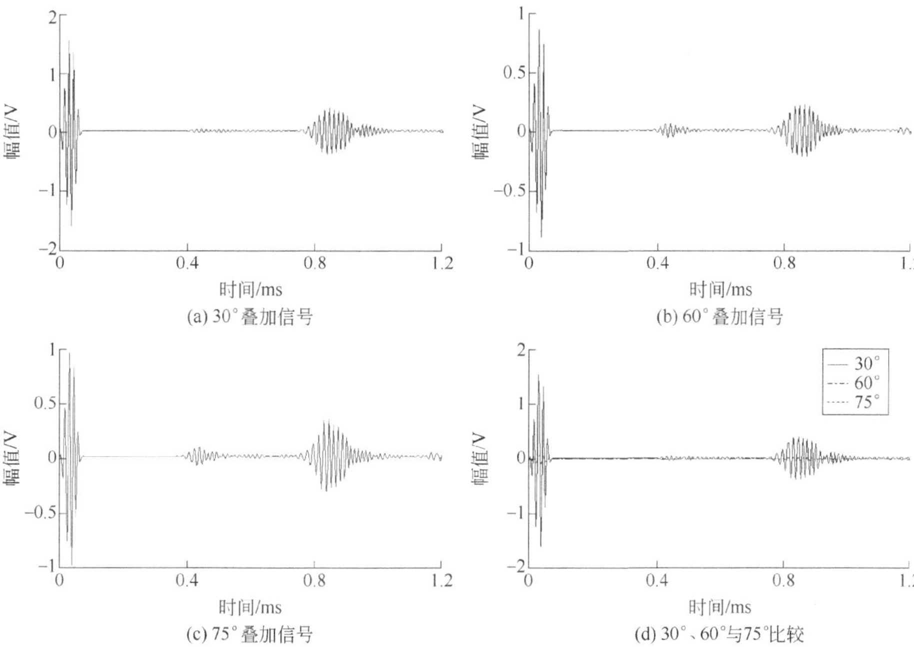


**图4.22 叠加信号及反射系数**

裂纹与母线夹角不同，对缺陷回波的幅值能量及反射系数有很大的影响。通过对4种不同夹角叠加的位移时程曲线的比较可知，当裂纹与管道母线夹角增大时，缺陷回波的幅值逐渐增大。当夹角小于45°时，裂纹回波的幅值相差不大，如图4.18（e）所示。但当夹角从45°变化到60°时，缺陷回波幅值发生骤增。如图4.22所示，夹角从45°变化到60°时，缺陷回波幅值增加也较快。夹角越大对入射波的反射系数越大。

图4.23所示是各夹角频谱及反射系数。从图4.23中可以看出，随着倾斜角度的增加，频谱的幅值随之增大，但是频谱中的频率成分

却没有明显的变化。由于频域信号中的幅值越大，表示该频率的信号能量越集中，所以随着倾斜角增大时，缺陷回波的能量也不断增大。

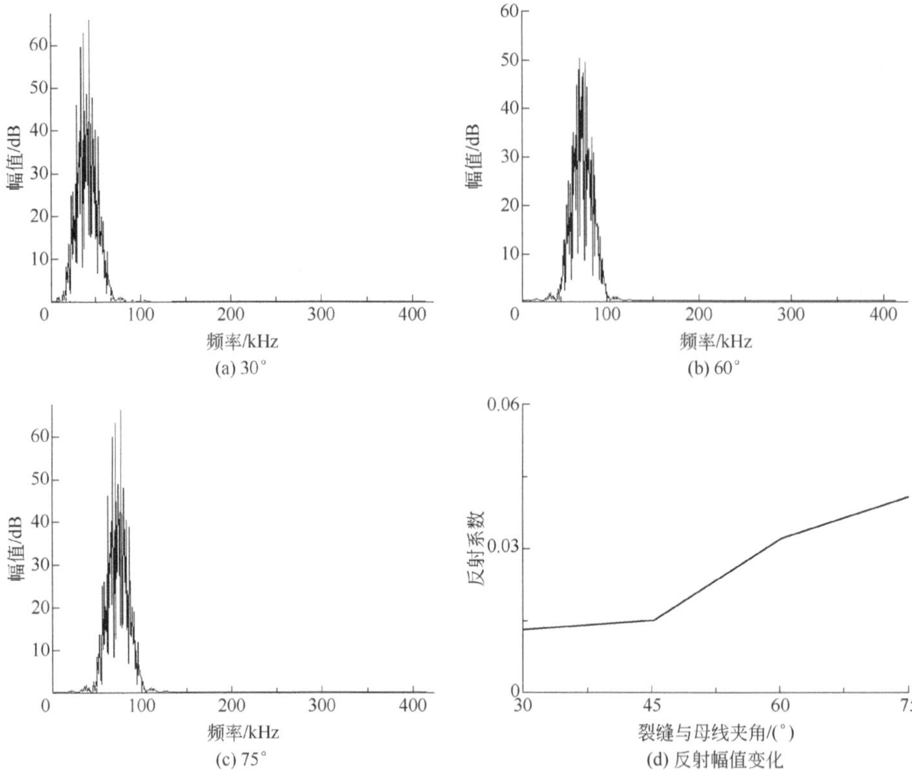


**图 4.23　各夹角频谱及反射系数**

图 4.23～图 4.25 显示，对于斜裂纹缺陷（当裂纹与管道母线的倾斜角分别为 30°，45°，60°和 75°），当裂纹与管道母线的倾斜角较小（小于等于 45°）时，裂纹的两个尖端造成的模态转换现象导致出现的各导波模态在时间轴上相距更远，经过时间反转法作用后，监测信号中缺陷反射系数会得到更大的放大倍数，尤其在斜裂纹中，通过图 4.24 可见，随着通过时间反转，再激励放大倍数最小可达到 7.2 多倍，裂缝长轴与管道母线间倾斜角的增大，使得长轴端与短轴发生的模态转换现象略微突出，因此放大倍数也相应增大。这个规律和给时间反转的缺陷回波规律相同，只是经过时间反转以后，缺陷反射会得到更大的放大倍数，同时会在一定程度上抑制模态转换。

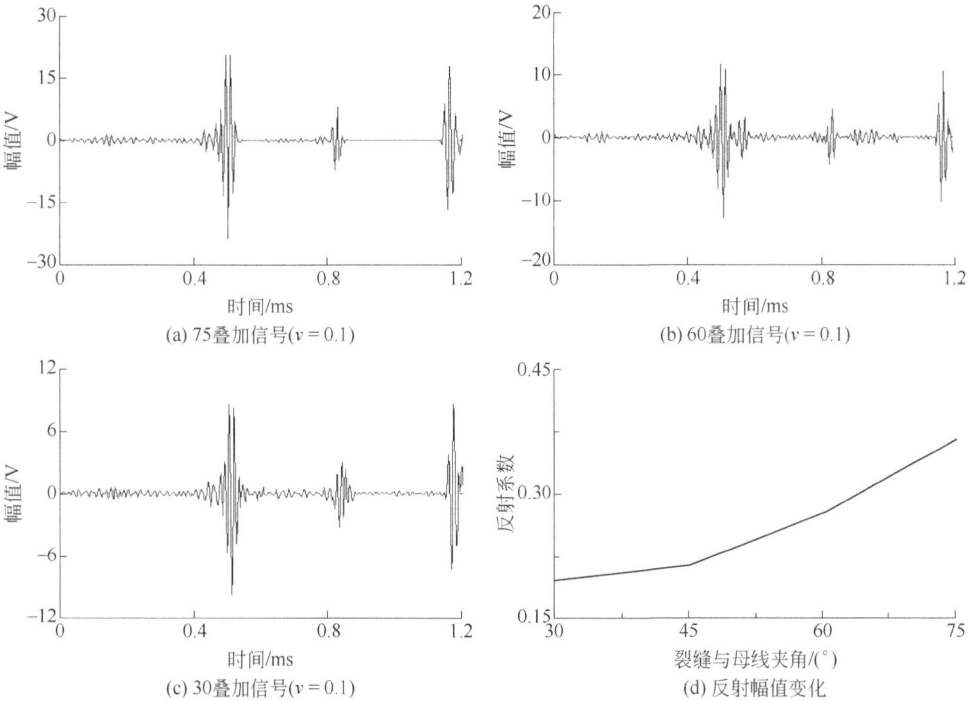


**图 4.24　时间反转信号及频谱**

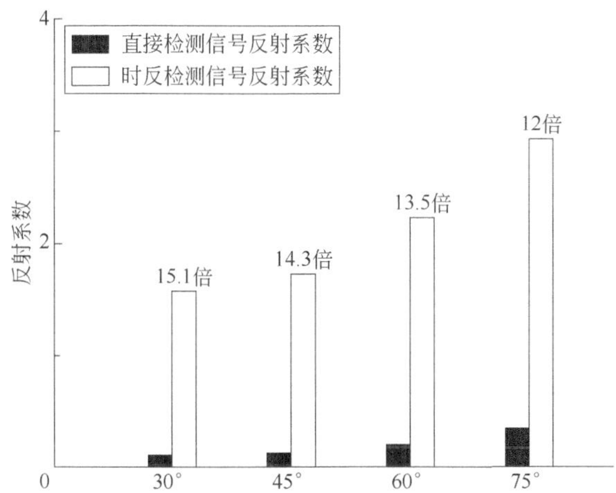


**图 4.25　斜裂纹直接监测信号与时间反转信号的缺陷反射幅值比较**

表 4.3 为各夹角对应信号的能量。从表 4.3 可以看出，时间反转可以有效地提高信号的能量，基本能提高 2 倍以上。根据入射波和末端回波的时间差，可计算得到导波在管道模型中传播的平均速度 $c$=5508m/s，由此计算各裂纹距接收点的距离，见表 4.4。

表 4.3 各夹角对应信号的能量

| 项目 | 裂纹与母线夹角/（°） | | | |
|---|---|---|---|---|
| | 30 | 45 | 60 | 75 |
| 时间反转前能量（取点率 10%） | 0.01873 | 0.02376 | 0.11622 | 0.29584 |
| 时间反转后能量（取点率 10%） | 0.03623 | 0.04734 | 0.22543 | 0.57621 |

表 4.4 时间反转后计算位置与实际位置对比

| 项目 | 夹角/（°） | | | |
|---|---|---|---|---|
| | 30 | 45 | 60 | 75 |
| 时间/ms | 0.163 | 0.1613 | 0.1587 | 0.1592 |
| 距离/mm | 897.80 | 888.44 | 874.16 | 876.87 |
| 距接收点/mm | 880 | 880 | 880 | 880 |
| 误差/% | 1.81 | 1.07 | 0.78 | 0.36 |

由表 4.4 可得出，随着裂纹与母线夹角的增大，误差不断减小，当夹角大于 60° 时，误差趋于稳定。当夹角较小时，计算得到的距离与实际距离相差较大。这种规律在经过时间反转处理以后也有相同的分布规律，但是精确度略有提高。

经过对上述统计数据的分析，得出以下结论：时间反转导波监测方法对不同缺陷的监测能力比直接导波监测方法有不同程度的提高，提高的具体倍数在管道参数、缺陷位置、时间反转信号取点率及位置均不变的情况下，与缺陷特征密切相关。缺陷造成的转换模态多少以及这些模态在时间轴上的距离是决定缺陷反射系数放大倍数的关键因素。简言之，在管道参数等条件相同的前提下，模态转换现象越严重，时间反转法越能在更大程度上提高原有导波缺陷监测的能力。

## 4.6 本章小结

本章首先简单介绍了 Ansys 有限元分析软件。之后分别对无损管道、含周向裂纹管道、轴向裂纹管道和不同夹角的斜裂纹管道进行了数值模拟。并对导波在有损和无损管道中的传播情况做了分析。同时对各种损伤信号进行时间反转处理再次激励和接收，并对直接监测信号和时间反转信号进行了比较，结果如下。

① 在导波遇到介质不连续时，将发生反射，若缺陷不对称时还会发生模态转换现象，转换生成的模态为非轴对称的。对无损管道模拟的结果表明：导波在遇到管道末端时会发生反射，但由于末端相当于一个对称的断面，所以导波被反射时几乎不发生模态转换，且位于相同轴向坐标的不同节点记录的位移时程曲线基本相同。

② 对含周向裂纹管道模拟的结果表明：导波在缺陷处，不但发生反射和透射现象，而且会发生模态转换，其转换的模态多为弯曲模态；对含轴向裂纹管道模拟的结果表明：T(0,1)模态能有效监测出管道中所存在的轴向裂纹，并且可以通过在管道端部施加圆周切向位移荷载产生 T(0,1)模态的导波。对含有斜裂纹管道模拟的结果表明：当裂纹与母线夹角越小，发生模态转换的现象越严重，叠加之后不能消除转换的模态；随着裂纹与母线夹角的增大，缺陷回波的幅值增加。

③ 当激励的导波能量相当时，时间反转导波监测方法获得的信号中缺陷回波的幅值将比直接导波监测方法获得的大，也就是说，利用时间反转方法在时间、空间上的聚焦效应，可以使由于激励模态在波导中传播而产生的转换模态同时到达缺陷处形成聚焦，能量也随之聚焦，信号在缺陷处放大，因此对小缺陷也比较敏感。

④ 缺陷造成的模态转换现象和时间反转信号取点率是决定时间反转聚焦增强监测能力的重要因素。当管道参数、缺陷特征以及时间反转信号截取起点相同时，随着取点率的增大，缺陷反射系数相应增大；当管道参数、时间反转信号取点率保持不变时，缺陷反射系数增大的程度则取决于缺陷的特征，即缺陷造成的模态转换现象越严重，反射系数被增大的倍数越多。

# 第 5 章　空心直管结构压电超声导波裂纹监测试验

# 5.1 管道结构超声导波裂纹监测理论

超声导波沿着如圆管、棒、杆之类的波导传播，当遇到波导中的缺陷时，由于缺陷造成的介质不连续性，产生了一个或多个反射面，此时将有一部分导波被反射回来，而另一部分将会透射过缺陷继续向前传播，即产生了反射和透射现象。这些现象可用于管道结构的损伤识别。另外，在反射和透射过程中将伴随着导波的模态转换，将此称为脉冲回波法。根据此原理，采取同端接收，同端激励的方法，进行管道结构的损伤识别。接收到的信号中包括入射波、反射波和模态转换的干扰波。根据接收信号激励信号和回波信号的峰值时间差，可由式（5.1）计算出管道中裂纹距离信号接收点的位置，从而确定出缺陷在管中的位置。

$$\begin{aligned} \frac{c_g \Delta t}{2} &= x \\ c_g &= \sqrt{\frac{E}{\rho(1-\nu^2)}} \end{aligned} \tag{5.1}$$

式中　$c_g$——杨氏速度；

$E$——材料的弹性模量；

$\rho$——材料的密度；

$\nu$——材料的泊松比；

$\Delta t$——入射波信号记录点和反射波信号记录点的时间差；

$x$——缺陷在管中的位置。

图 5.1 所示为脉冲回波法的原理示意。在管道的 A 端激励和接收信号，对接收到的反射波信号进行分析，判断管道是否完好及缺陷的大致位置。

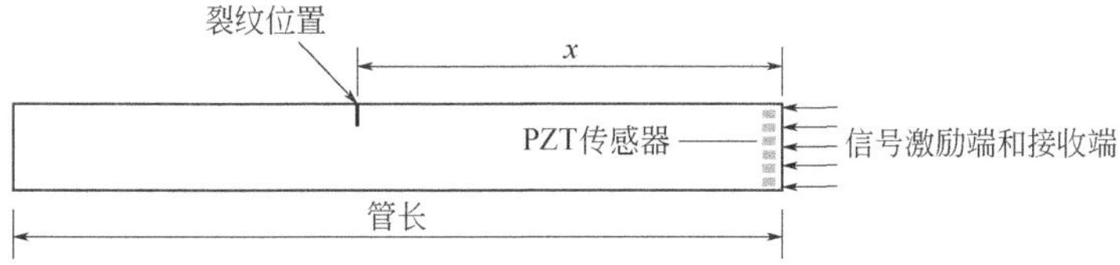


**图 5.1　脉冲回波法的原理示意**

## 5.2 试验目标与试验系统

### 5.2.1 试验目标

管道结构所处的工作环境通常比较恶劣，受环境侵蚀的影响较大，加之人为因素的影响，将会产生多种形式的缺陷。本书中考虑了管道中可能存在的不同的线性裂纹形式，如轴向裂纹、周向裂纹和斜裂纹等。除了判断各种形式的裂纹在管中的位置之外，还对各种缺陷对激励信号的敏感程度做了研究。在存在不同缺陷形式的情况下，根据第 2 章导波模态分析的结果，选择合适的导波模态作为激励信号，以确定出该种缺陷对所选激励信号的敏感程度用来指导实际工程应用。

### 5.2.2 试验系统

根据脉冲回波法的原理，建立了一套试验系统，如图 5.2 所示，其组成部分为：任意波形信号发生器，信号功率放大器，用于激励和接收信号的 PZT 元件，被测管道，数字示波器和计算机。

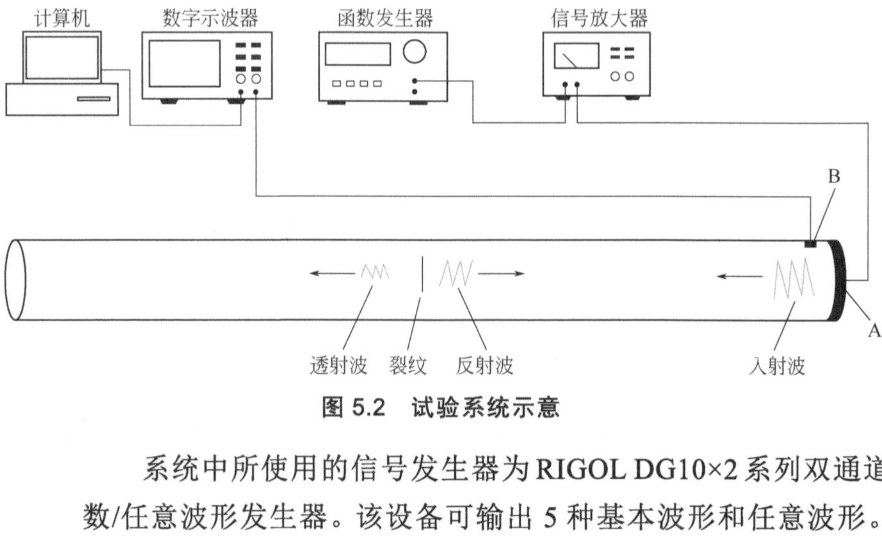


图 5.2 试验系统示意

系统中所使用的信号发生器为 RIGOL DG10×2 系列双通道函数/任意波形发生器。该设备可输出 5 种基本波形和任意波形。任意波形的频率特性为 1μHz～5MHz，完全满足本试验的要求。本书试验中所采用的激励信号均为自定义脉冲信号。

RIGOL DS1000E 数字示波器作为信号采集设备，可实现对信号的采集、触发、存储和运筹运算等功能，可实现 1GSa/s 的实时采样和 25GSa/s 的等效采样，满足试验所需的采样率要求。该型数字示波器可实现随机信号的自动补偿功能，并带有数字滤波器功能，使接收到的信号更容易分析。

试验系统示意如图 5.2 所示，试验系统如图 5.3 所示。先将自定义的脉冲信号存入波形发生器，设置好频率、幅值和相位；将作动器的输出端与信号放大器的输入端连接，信号放大器的输出端与管道端部用作激励信号的 PZT 阵列连接，接收信号的 PZT 片与数字示波器连接，此时试验系统的线路被连接好。信号被激励后，由于逆压电效应，会在管道中产生应力波沿管道传播，当应力波（包括入射波和反射波）到达另一端时，由于压电效应，应力波被转化为电信号，被数字示波器所接收；最后将接收到的信号传至计算机分析系统，得到最后的监测结果。

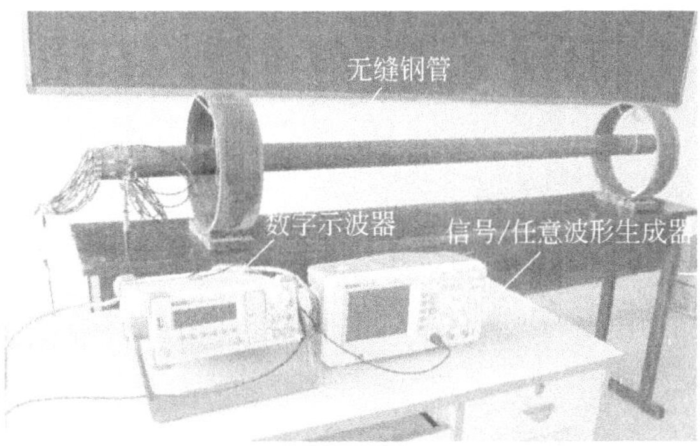


图 5.3　试验系统

## 5.3　无缺陷管道超声导波监测试验

从第 2 章中对各导波模态的分析结果可以看出，弯曲模态的导波比较复杂，因为在轴向、周向和径向都有位移分量。因此，利用超声导波对管道监测试验中，应避免弯曲模态的产生，选择轴对称形式的导波作为激励信号。为了在激励信号时抑制弯曲模态的产生，本书中在被测管道端部的圆周位置均匀布置了 16 个 PZT 片，其数量超过了激励频率下管道中能出现的导波的最高模数（图 5.4）。

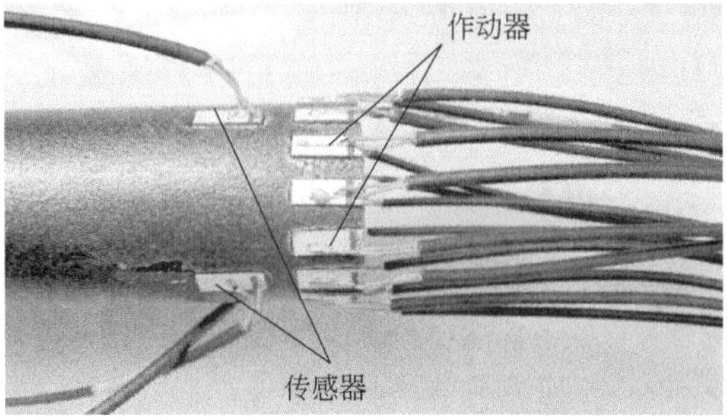


图 5.4 传感器布置

本试验中，被测管道的尺寸有两种：外径为 60mm，壁厚为 4mm，长度为 3500mm（I号管）；外径为 76mm，壁厚为 6mm，长度为 1715mm（II号管）。在管道中激励 L(0,2)模态的导波，所采用的传感器均为 12mm×6mm×1mm 长度方向伸缩的 PZT4 型压电陶瓷片。

为了与该规格管道的频散曲线进行比较，激励频率从 70kHz 开始，以步长 20kHz 逐步增加到 200kHz。激励 L(0,2)模态导波在 I号管中接收的部分信号如图 5.5 所示。

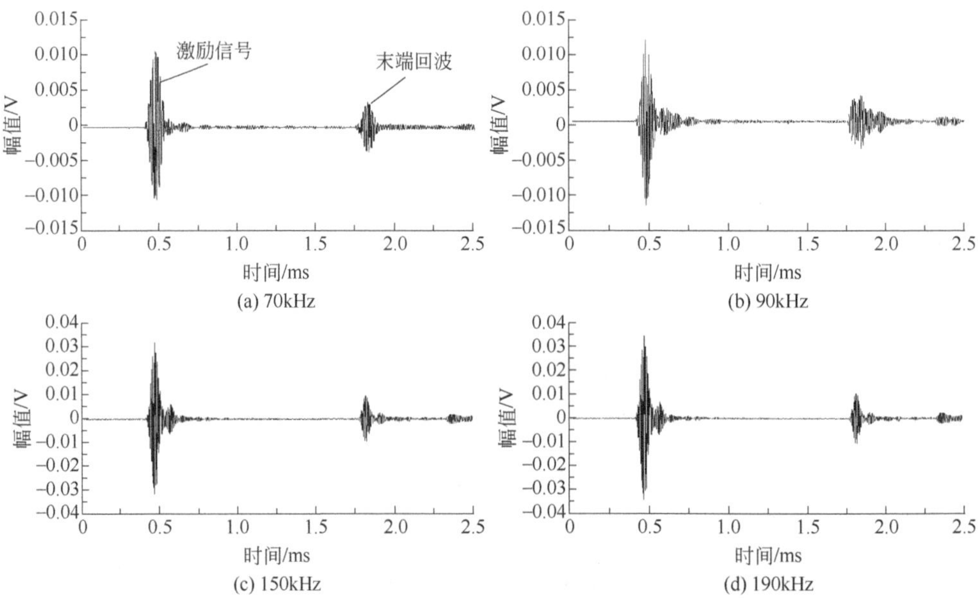


图 5.5 I 号管时域信号

II号管中同样接收到了类似的信号。

接收到的信号中存在激励信号和末端回波信号，如图 5.6（a）与（b）所示，横轴是由采样点和采样频率确定的时间，纵轴为信号电压幅值，信号的采样频率为 10000Hz。由此可以根据信号中入射信号波包和反射信号波包间的时间间隔确定出导波在管道中传播的时间。管道的长度一定，计算得到导波在两被测管道中的速度，如表 5.1 所列。

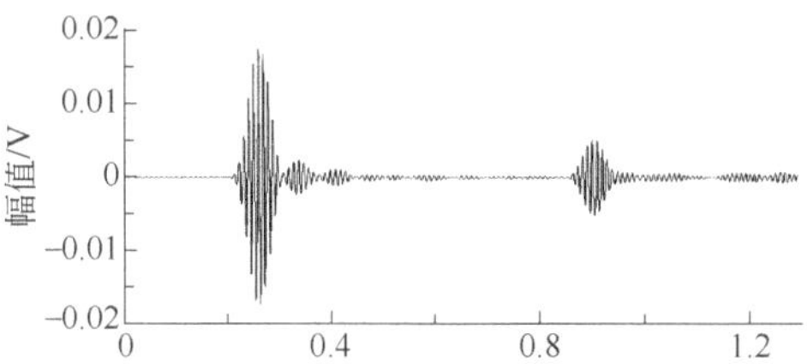

(a) 110kHz

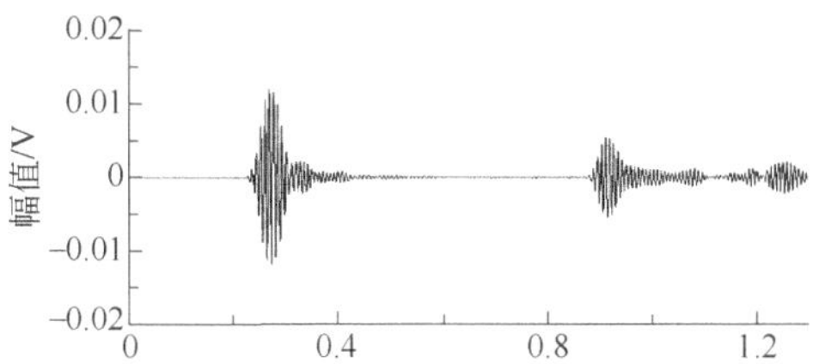

(b) 130kHz

图 5.6　II 号管时域波形

表 5.1　管中导波传播速度试验值

| 速度 | 频率/kHz | | | | | | | |
|---|---|---|---|---|---|---|---|---|
| | 70 | 90 | 110 | 130 | 150 | 170 | 190 | 200 |
| I 号管/（m/s） | 5381.71 | 5353.32 | 5359.88 | 5366.86 | 5363.98 | 5277.44 | 5295.81 | 5298.61 |
| II 号管/（m/s） | 5432.37 | 5387.15 | 5365.24 | 5359.38 | 5316.18 | 5313.71 | 5236.64 | 5196.97 |

为了验证试验值与理论值的差别，按照第 2 章中的数值计算的方法绘制了 L(0,2)模态导波在两个被测管道中的群速度曲线，并与试验值进行了比较。其中，点代表的是试验得到的结果，曲线为数值计算得到的结果，可以看出在 70～200kHz 时，试验值和理论值基本吻合。另外，对两组数据进行了误差分析。

$$误差=\left|\frac{试验值-理论值}{理论值}\right|\times100\% \tag{5.2}$$

从图 5.7 和图 5.8 中很明显地看出，两组比较值中最大误差不超过 1.8%，已经非常接近。通过此次验证性试验可以得到两个结论：

第一，选择长度方向伸缩的 PZT 片，按照激励传感器的布置方式粘贴于管道端部，可以激励出 L(0,2)模态的导波；

第二，本书所绘制的频散曲线能较为准确地反映出管中存在的导波模态及其在各频率的群速度,可以为试验提供可靠的理论依据。

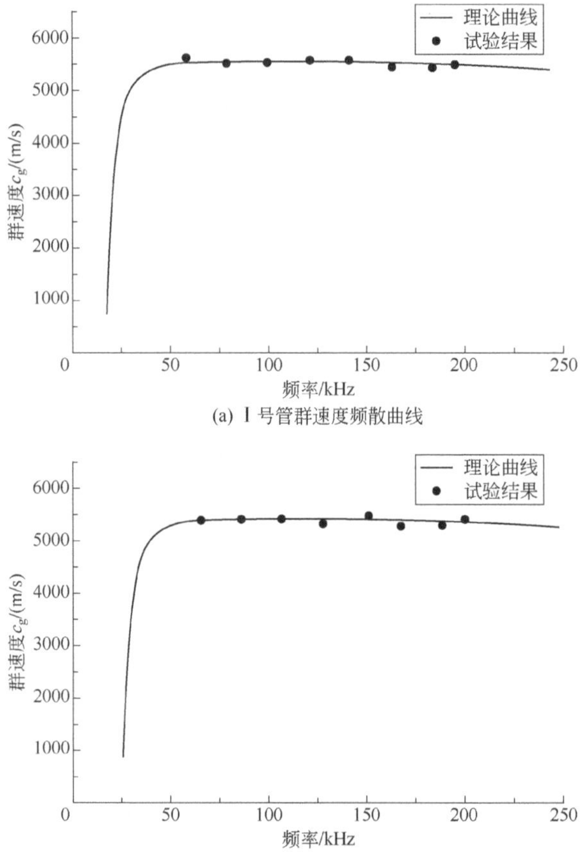


(a) Ⅰ号管群速度频散曲线

(b) Ⅱ号管群速度频散曲线

**图 5.7　理论与试验结果的对比**

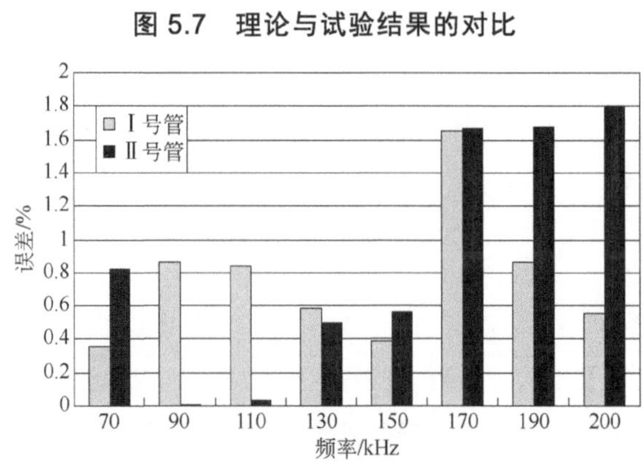


**图 5.8　试验结果误差图**

# 5.4 时间反转导波监测试验

## 5.4.1 时间反转导波监测试验过程

时间反转法是根据声互易性原理提出的，其基本原理是：导波在传播过程中，受到边界等反射会发生模态转换，接收点接收到的信号模态增多，幅值减小；然后将接收到的信号时域反转，在接收点发射，在原来的发射点接收，即将信号先到后发，后到先发；最后所有模态同时到达原激励点，实现聚焦，其示意如图 5.9 所示。

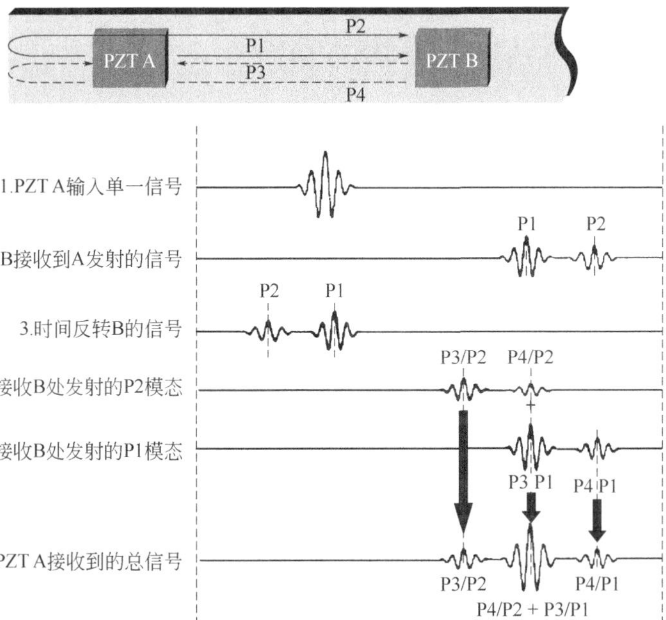


图 5.9　时间反转法示意

鉴于目前实验室试验设备所限，不具备导波多通道激励/接收装置，无法在不同的通道同时加载不同的时间反转激励信号以实现时间反转波的激励，因此还不能真正实现导波时间反转监测。采用现有试验设备，可以实现单通道的时间反转信号激励。假如将一组时间反转激励信号逐个加载在阵列中的各传感器上，并分别获取监测波形，最终将这些监测波形进行叠加，这样的结果是否也能表明时间反转聚焦效果具有提高缺陷监测灵敏度的特性呢?以下将就此问题展开分析。

将 PZT 传感器作为激励传感器，通过信号发生器 RIGOL DG10 函数/任意波形发生器激励经过 Hanning 窗调制的某一频率、峰峰值、周期的正弦信号，经由功率放大器放大后作用于激励传感器上；将监测信号对应叠加，得到直接导波监测波形。

在对应的端部节点上同时加载时间反转激励信号，实现时间反转波的激励。在管道模型靠近端部的观测节点上提取时间反转监测轴向位移时程曲线，进行相应的叠加后得到时间反转导波监测信号。

### 5.4.2 含周向裂纹管道结构损伤监测

为了研究超声导波监测技术，在一根长为 1830mm、外径为 70mm、壁厚为 4mm 无缝钢管中，做了一个尺寸为 20mm×2mm×1.5mm 的周向人工裂缝，模拟实际管道中存在的周向裂纹，如图 5.10 所示。为了做出比较，在管道端部的不同轴向位置设置了两个信号接收点。裂纹位置及接收位置如图 5.10 与图 5.11 所示。

图 5.10 周向裂纹

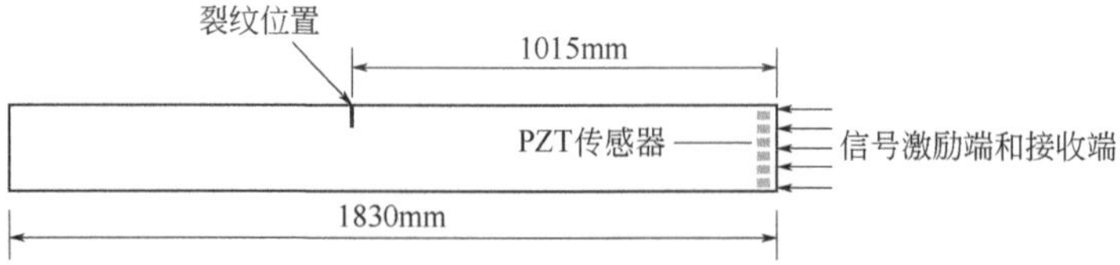


图 5.11 周向裂纹位置示意

由于实际监测过程中，PZT 环在管道端面并不能真正达到理想的轴对称均匀加载，导致在 L(0,2)模态的激励波包之后有许多弯曲模态的波包出现，因此不能如数值模拟过程那样，根据信号中激励波包与端面反射回波波包之间的时间间隔来确定缺陷的位置，因而在试验过程中尽可能大地选择取点率，以消除这样的影响。

在两个接收位置接收到的响应信号如图 5.12 所示。其中，位置 1 距信号激励端 115mm，位置 2 距离激励端 215mm。选择 75kHz 的 5 峰波作为激励信号。

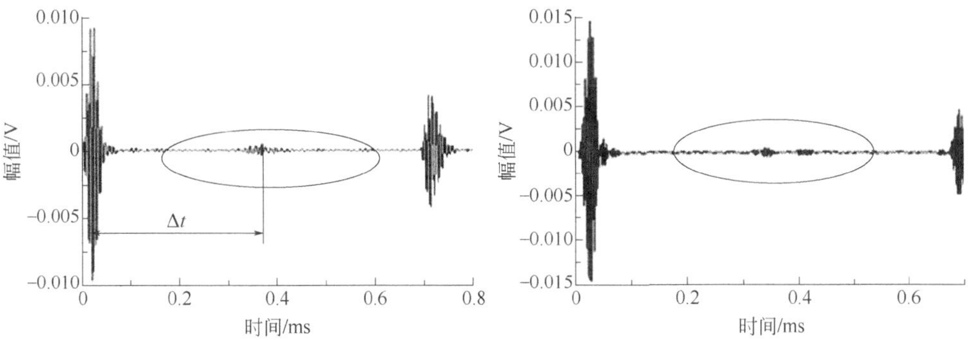


(a) 1处接收信号　(b) 2处接收信号

图 5.12　接收信号时域

根据图 5.12 中缺陷反射回波与入射波的时间差可以得到导波在管中传播的时间，经过计算，到达位置 1 的时间为 0.335ms，到达位置 2 的时间为 0.303ms。材料的弹性模态 $E$=210GPa，密度为 7850kg/m³，泊松比为 0.31。由此可根据式（5.1），得到导波在管中传播的杨氏速度 $c_g$=5440m/s，计算得到缺陷到接收位置 1 距离为 911.2mm，到接收位置 2 的距离为 821mm。实际测量得到的缺陷到位置 1 为 900mm，误差为 1.24%；到接收位置 2 为 800mm，误差为 3.02%。分析认为产生误差的原因主要有两点：一是计算得到的杨氏速度和导波在该管中的实际传播速度有误差；二是在确定缺陷回波与入射波的时间差时与实际的时间差有差别。

对位置 1 采集到的管道结构周向裂纹损伤监测信号进行时间反转处理，反转过程中，采用的时间反转信号取点率 $v$=0.1，选择接收信号的节点作为对应激励节点。在对应激励节点上激励经过处理后的时间反转信号，并在观测节点上再次提取轴向位移时程曲线，进行相应的叠加后得到试验的时间反转导波监测信号。统计结果如图 5.13 所示。

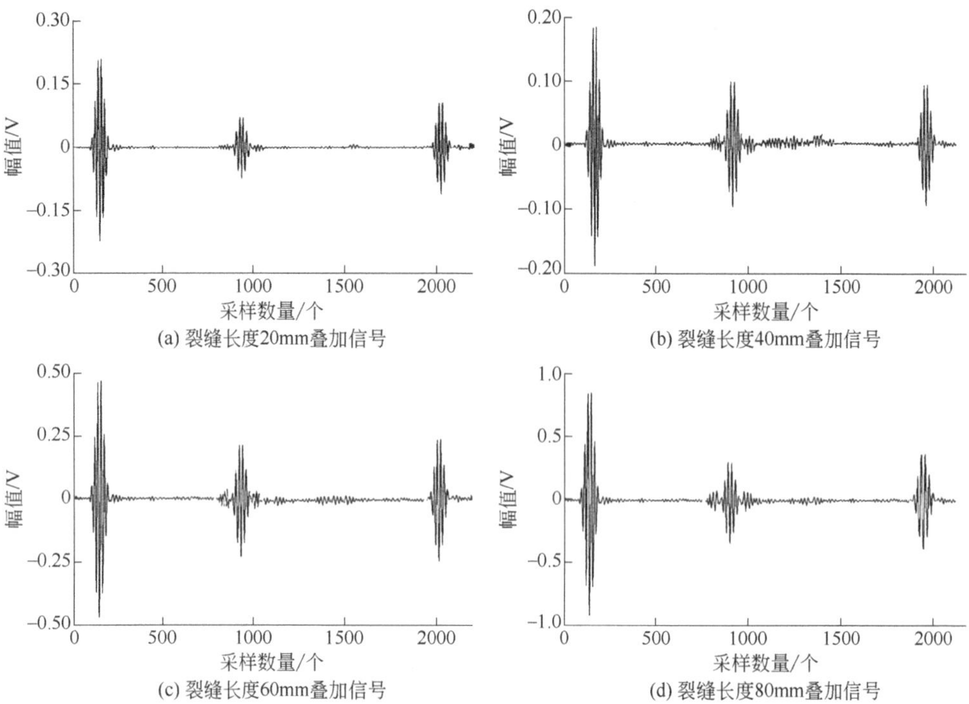


**图 5.13 接收信号时域（取点率 $v$=0.01）**

从图 5.14 可以看出，对于周向缺陷，经过时间反转法处理后，监测信号中缺陷反射系数会得到更大的放大倍数。随着裂缝尺寸的不断增长，时间反转的放大作用逐渐减少，也从另一个角度说明时间反转法对于小裂纹具有比较好的放大作用。

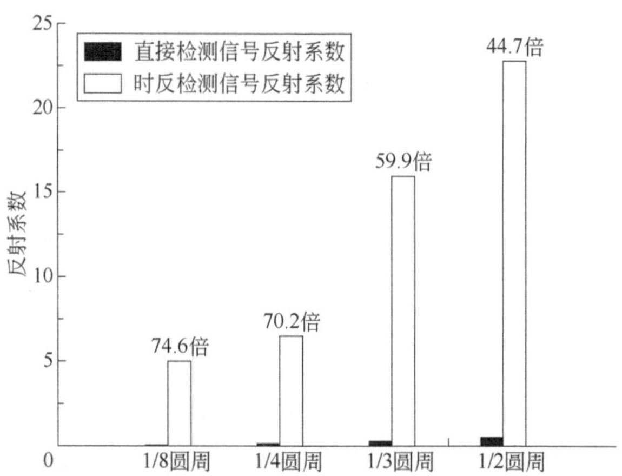


**图 5.14 直接监测信号与时间反转监测信号的缺陷反射系数比较（周向裂纹）**

为了确定圆管的损伤程度，本书引入了一个损伤指标。

$$\text{RMSD}=\sqrt{\frac{\sum_{i=1}^{n}(x_{a,i}-x_{b,i})^2}{\sum_{i=1}^{n}{x_{b,i}}^2}} \tag{5.3}$$

式中　$x_{a,i}$——损伤之后接收到的信号值；

$x_{b,i}$——健康信号值。

对位置 1 处接收到的信号进行计算得到 $\text{RMSD}_1$=1.4987，位置 2 处接收到信号的损伤指数 $\text{RMSD}_2$=1.5427。两处的损伤指数基本相同，由此可以得出损伤程度与接收位置的远近无关，也说明了所激励的 L(0,2)模态导波的频散程度很小。

为了进一步研究损伤程度的影响因素，将原来的人工缝加深到 2.5mm，并做了同样的试验和计算。同时引入了一个接收距离 $L$ 和缺陷深度 $d$ 的比值 $\delta$。

$$\delta=\frac{d}{L} \tag{5.4}$$

最后得到的结果如表 5.2 所列。

**表 5.2　工况对比**

| 工况 | 裂纹深度/mm | 接收距离/mm | RMSD | | | |
|---|---|---|---|---|---|---|
| | | | 直接监测 | 直接监测误差/% | 时间反转 | 时间反转误差/% |
| 1 | 1.5 | 900 | 1.4987 | 0.43314 | 1.7399 | 0.3781 |
| 2 | 1.5 | 800 | 1.5427 | 0.8957 | 1.9201 | 0.2185 |
| 3 | 2.5 | 900 | 2.1444 | 0.3994 | 2.6493 | 0.00135 |
| 4 | 2.5 | 800 | 2.3157 | 0.3273 | 2.9361 | 0.1610 |

根据表 5.2 的结果可以看出，接收位置相同时，在裂纹宽度和周向长度不变的情况下，裂纹越深则损伤指标越大，这也与实际情况相符合；接收位置对损伤指标没有太大的影响。将损伤指标与 $\delta$ 进行数值拟合后，发现它们呈线性关系，直接监测线性表达式为 RMSD=597.1855$\delta$+0.4571，时间反转后的表达式为 RMSD=812.4387$\delta$+0.3925，如图 5.15 所示。

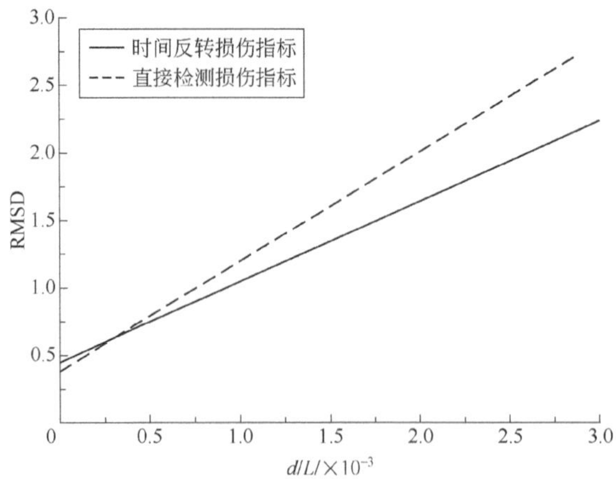


图 5.15 RMSD 与 *d/L* 的关系

## 5.4.3 含轴向裂纹管道结构损伤监测

轴向裂纹因其横截面的面积占管道横截面的面积比例很小，所以纵向导波很难监测出管道可能存在的轴向裂纹，而在第 3 章中对纵向导波在壁厚方向各点的振动位移分析中也可得到纵向导波对轴向裂纹不敏感的结论。扭转模态的导波恰好弥补了纵向模态的这种缺点。从频散曲线可以看出，T(0,l)模态的导波基本上没有频散，而且在低频下激励 T(0,1)模态时，模态成分比较单一，回波信号的能量比较集中，便于进行分析和处理。目前对管道中轴向裂纹的监测研究还较少，为了验证纵向导波和扭转导波对管中轴向裂纹的监测能力，本书对管道中存在单一轴向裂纹进行了监测研究。

被测管道长为 1715mm，外半径为 37.5mm，壁厚为 5mm。在管道的两端分别布置不同振荡形式的 PZT 片，其中，在 A 端布置沿宽度方向振荡的 PZT 片，以激励出扭转模态，在 B 端布置沿长度方向振荡的 PZT 片，以激励出纵向模态。轴向裂纹监测原理如图 5.16 所示。裂纹沿轴向长度为 60mm，宽为 3mm，距离 A 端 830mm，具体形式如图 5.17 所示。

B 端激励的信号频率为 70kHz，如图 5.18 所示。

在距离 B 端 20mm 处均匀布置了 4 个信号接收点，得到的叠加信号中只含有入射波包和末端反射波包，如图 5.19 所示，很难发现表征管中存在缺陷的缺陷回波，因此纵向模态对管中存在的轴向缺陷不敏感。

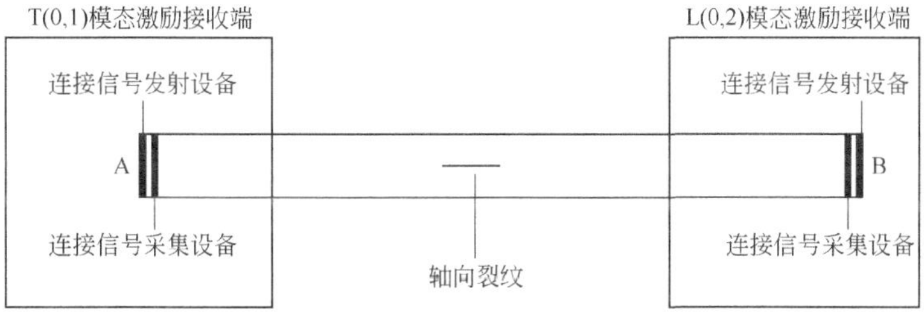


图 5.16　轴向裂纹监测原理

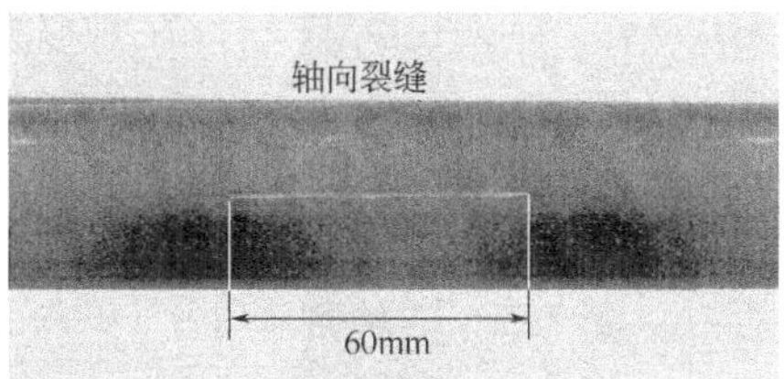


图 5.17　轴向裂纹具体形式

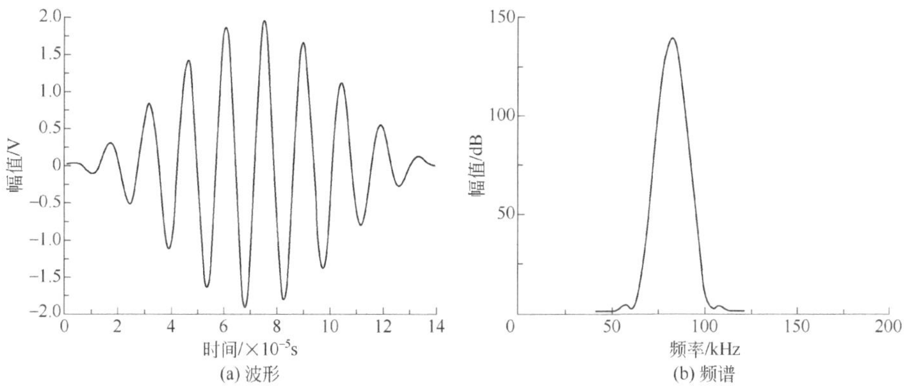


图 5.18　B 端激励信号

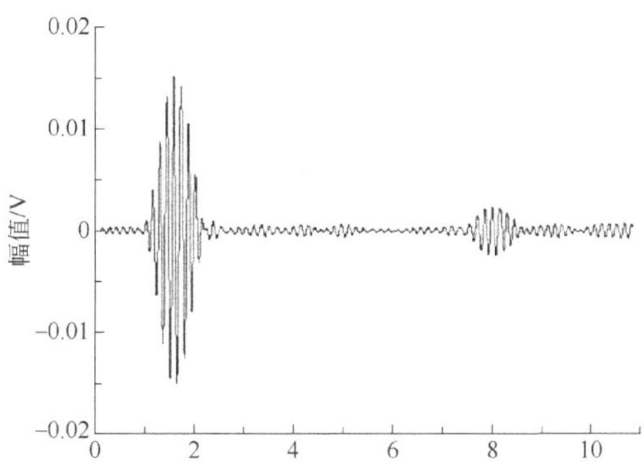


图 5.19　纵向模态监测波形

A 端激励的信号频率为 33.3kHz，因为根据该管道的频散曲线可知，该频率下管中只存在一种模态。波形图如图 5.20 所示。

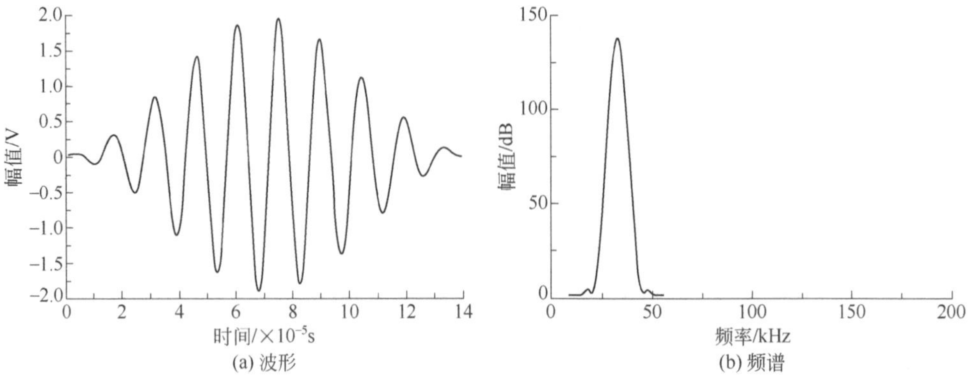


**图 5.20 A 端激励信号**

在距离 A 端 30mm 处均匀布置了 8 个信号接收点，其中 1 号接收点位于裂纹所在的母线上。接收点的布置如图 5.21 所示。

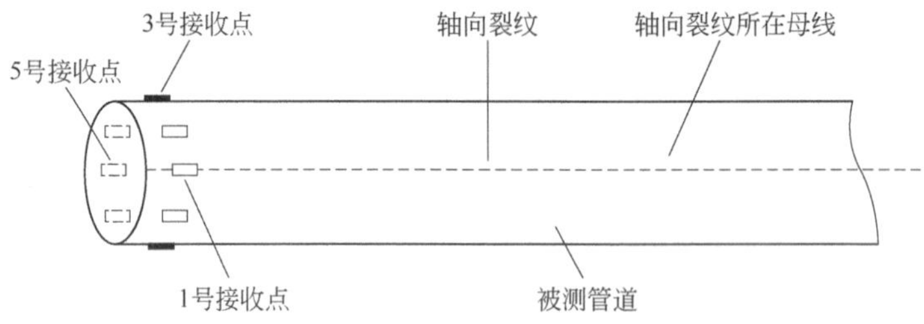


**图 5.21 接收点的布置**

不同接收点信号实域如图 5.22 所示。

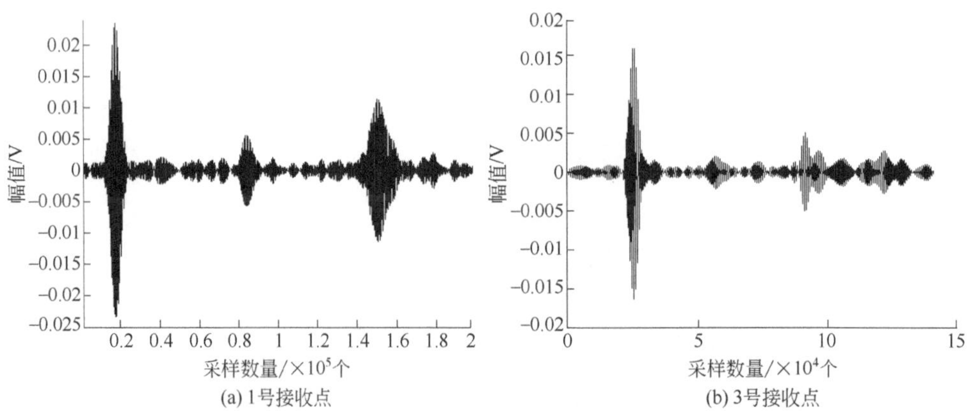

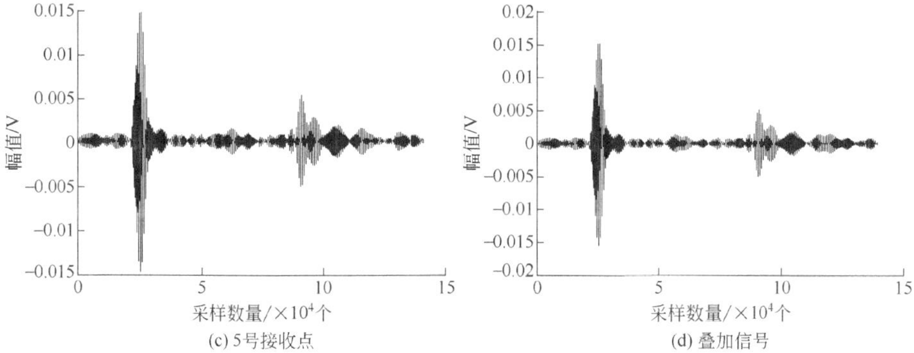


**图 5.22　不同接收点信号时域图**

对 A 端采集到的管道结构周向裂纹损伤 T(0,1)模态监测信号进行时间反转处理，反转过程中，采用的时间反转信号取点率为 10%，与轴向裂纹时间反转采取同样的办法，不同的是端部布置沿宽度方向振荡的 PZT 片，以激励出扭转模态，在观测节点上提取轴向位移时程曲线，进行相应的叠加后得到试验的时间反转导波监测信号。统计结果如图 5.23 所示。

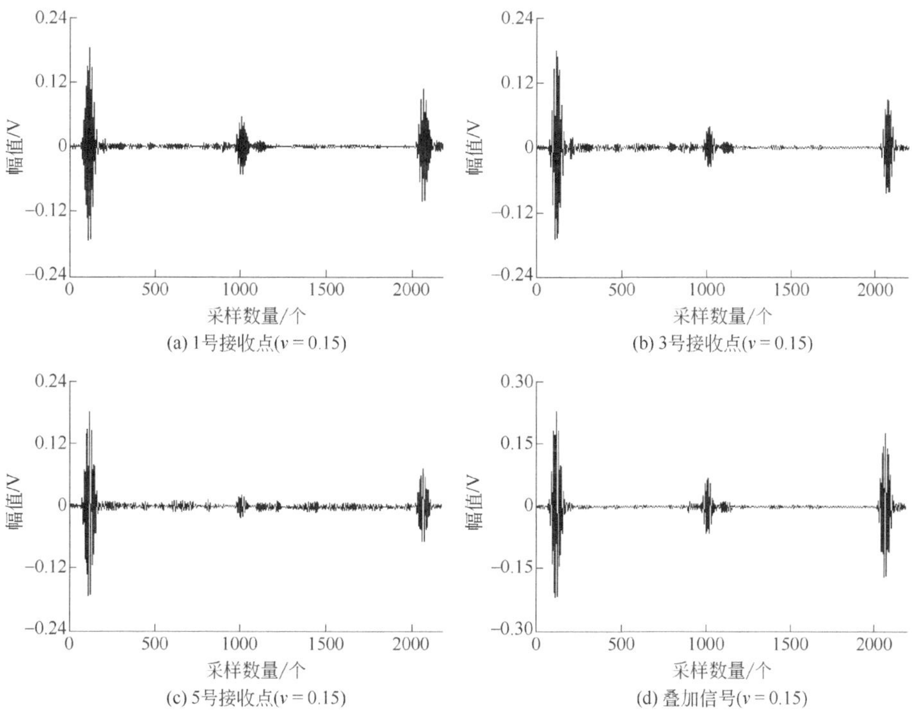


**图 5.23　不同接收点信号时域**

从图 5.23 可以看出，激励 T(0,1)模态导波后，无论是直接监测信号还是时间反转信号，接收到的信号中不仅含有入射波和末端反射波，而且还有表征裂纹的缺陷回波。因此，扭转模态对管道中的轴向裂纹具有一定的敏感性，能获得有效的监测信号，并能对缺陷进行定位。回波信号中存在模态转换现象，产生 F(1,2)模态导波。另外，1 号接收点接收到的缺陷回波反射系数最大。其他接收点距 1 号接收点越远，其接收到的缺陷反射系数越小。叠加信号中的模态转换现象大为减少，时间反转信号的主副瓣聚焦现象比较明显。

不同节点接收信号的反射系数如表 5.3 所列。根据表 5.3 和图 5.24 可以看出，经过时间反转以后，对于轴向缺陷，经过时间反转法处理后，监测信号中缺陷反射系数明显增大，随着裂缝尺寸的不断增长，时间反转的放大作用逐渐减少，这个规律和轴向裂缝相同，说明了时间反转法对于小裂缝具有比较好的放大作用。

**表 5.3 不同节点接收信号的反射系数**

| 项目 | 节点号 | | |
|---|---|---|---|
| | 1 | 3 | 5 |
| 入射幅值/V | 2 | 2 | 2 |
| 直接监测缺陷幅值/V | 0.0062 | 0.00388 | 0.00310 |
| 时间反转后缺陷幅值/V | 0.07631 | 0.08451 | 0.07812 |
| 直接监测反射系数 | 0 .0031 | 0.00194 | 0.00155 |
| 时间反转后反射系数 | 0.038155 | 0.042555 | 0.07906 |

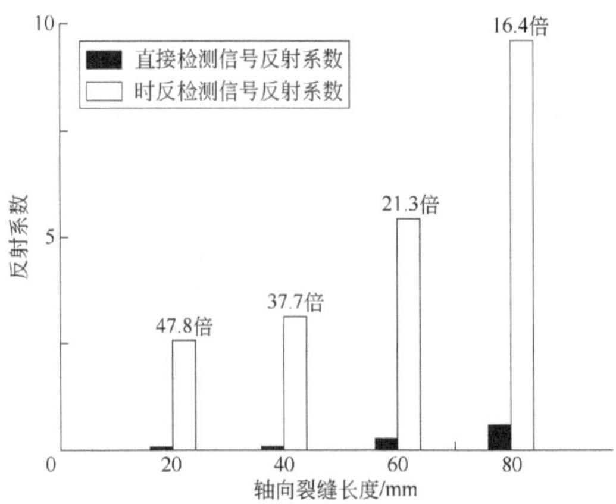


**图 5.24 直接监测信号与时间反转监测信号的缺陷反射系数比较（轴向裂纹）**

根据频散曲线得到的 T(0,1)模态的群速度为 3207m/s，叠加信号中缺陷回波与入射波的时间间隔为 0.514ms，根据脉冲回波计算公式，得到缺陷距离接收点的距离为

$$x = \frac{vt}{2} = 3207 \times 0.257 = 824.2(\text{mm})$$

缺陷中心距离管道 A 端 830mm，接收点距离 A 端 30mm，所以缺陷中心距离接收点的实际距离为 800mm，误差距离为 24.2mm。

### 5.4.4　含斜向裂纹管道结构损伤监测

在实际工程中，管道中的裂纹不仅仅只有轴向和周向的，它可以与管道轴线成任意的夹角，因此有必要对管中的斜裂纹进行研究。我国对管道中存在斜裂纹的研究还较少，邓菲、吴斌、何存富等研究了含有倾角为 45°斜裂纹圆管的动态特性[69]，试验结果表明：斜裂纹对圆管动态特性的影响要比周向和轴向裂纹要大。本书研究了与圆管轴线成 30°、45°、60°与 75°时，斜裂纹对缺陷回波的影响。裂纹沿圆管表面的长度均为 60mm，宽为 2mm。各夹角的斜裂纹形式如图 5.25 所示。

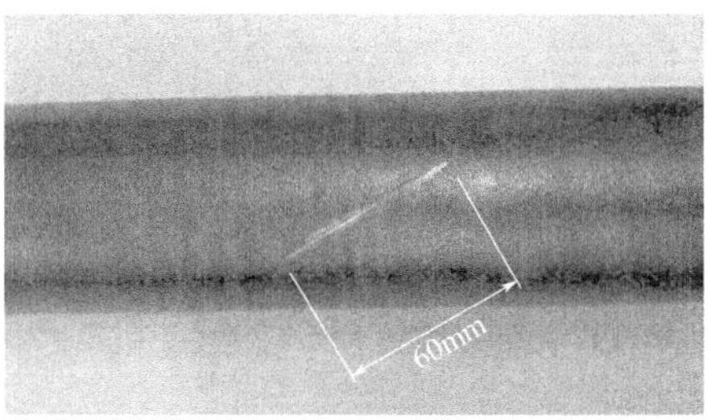


(a) 30°斜裂纹

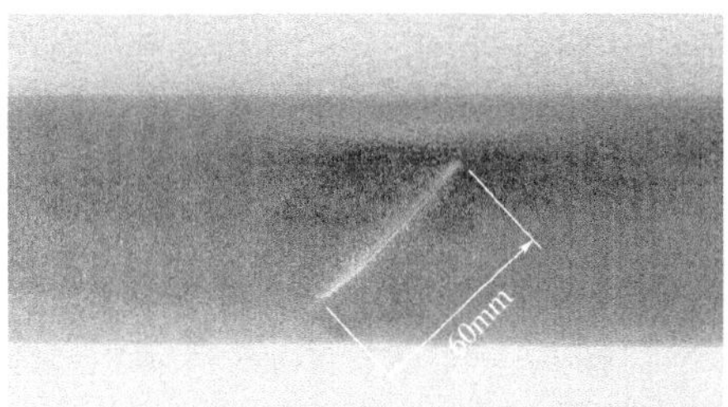


(b) 45°斜裂纹

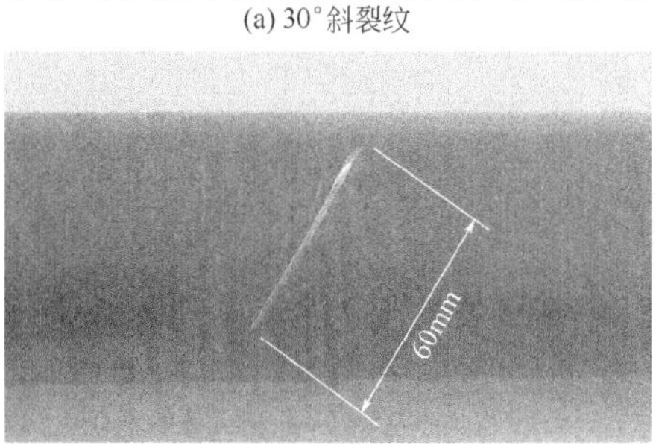


(c) 60°斜裂纹

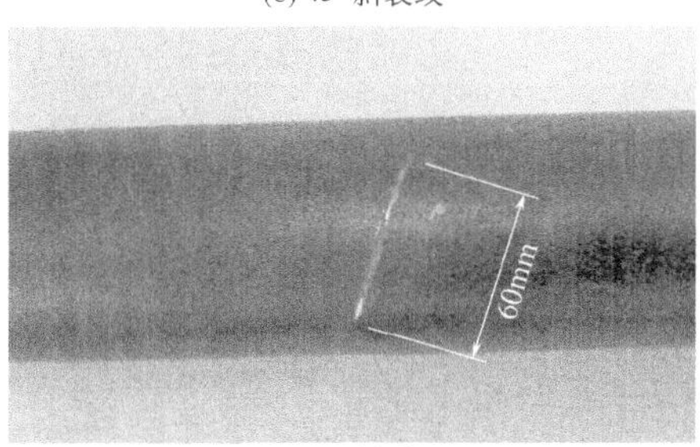


(d) 75°斜裂纹

图 5.25　各夹角的斜裂纹形式

被测管道为长 3500mm、外直径 60mm、壁厚 4mm 的无缝钢管。首先，在距离信号激励端 2600mm 位置做一个与轴线夹角为 45° 的人工裂缝。根据计算得到该管道的频散曲线，选择频率为 110kHz 的 10 峰波作为激励信号，其波形与频谱如图 5.26 所示。

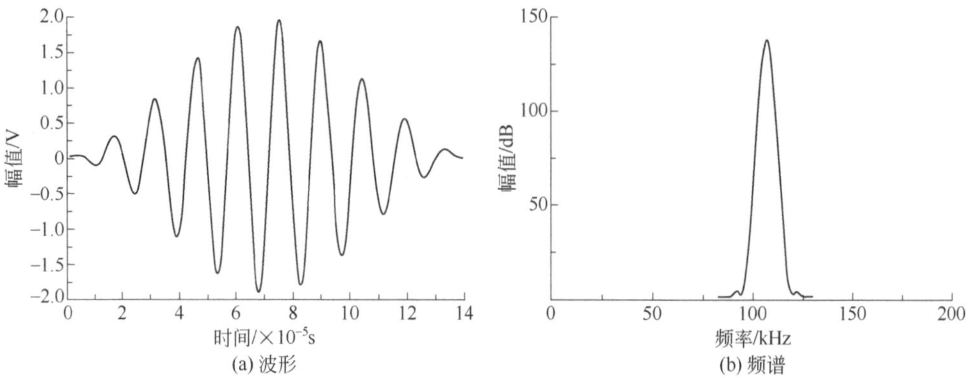


图 5.26　110kHz 激励信号

激励的导波模态选择 L(0,2)模态，其传感器布置与前面所述相同，接收点距离信号激励端 20mm。具体试验步骤如下。

首先，在距离信号激励端 2605mm 处，做一条与母线成 45° 夹角的斜裂缝，此时，管道中存在一处缺陷。在管道端部激励信号，在接收点得到第一组信号。

其次，在距离信号激励端 1960mm 处，做一条与母线成 60° 夹角的斜裂缝，此时，管道中存在两处缺陷。在管道端部激励信号，在接收点得到第二组信号。

再次，在距离信号激励端 1400mm 处，做一条与母线成 30° 夹角的斜裂缝，此时，管道中存在三处缺陷。在管道端部激励信号，在接收点得到第三组信号。

最后，在距离信号激励端 700mm 处，做一条与母线成 75° 夹角的斜裂缝，此时，管道中存在四处缺陷。在管道端部激励信号，在接收点得到第四组信号。

其中，第一组信号可以用来分析 45° 斜裂纹对监测信号的影响，第二组信号可以用来分析 60° 斜裂纹对监测信号的影响，第三组信号可以用来分析 30° 斜裂纹对监测信号的影响，第四组信号可以用来分析 75°斜裂纹对监测信号的影响。

将接收到的监测信号做时间反转处理后分别单独激励，且在每个激励信号单独作用时，均在管道模型靠近端部的观测节点上提取轴向位移时程曲线并叠加，最终将接收到的信号叠加结果再次叠加在一起，获得的波形分别如图 5.27 与图 5.28 所示。

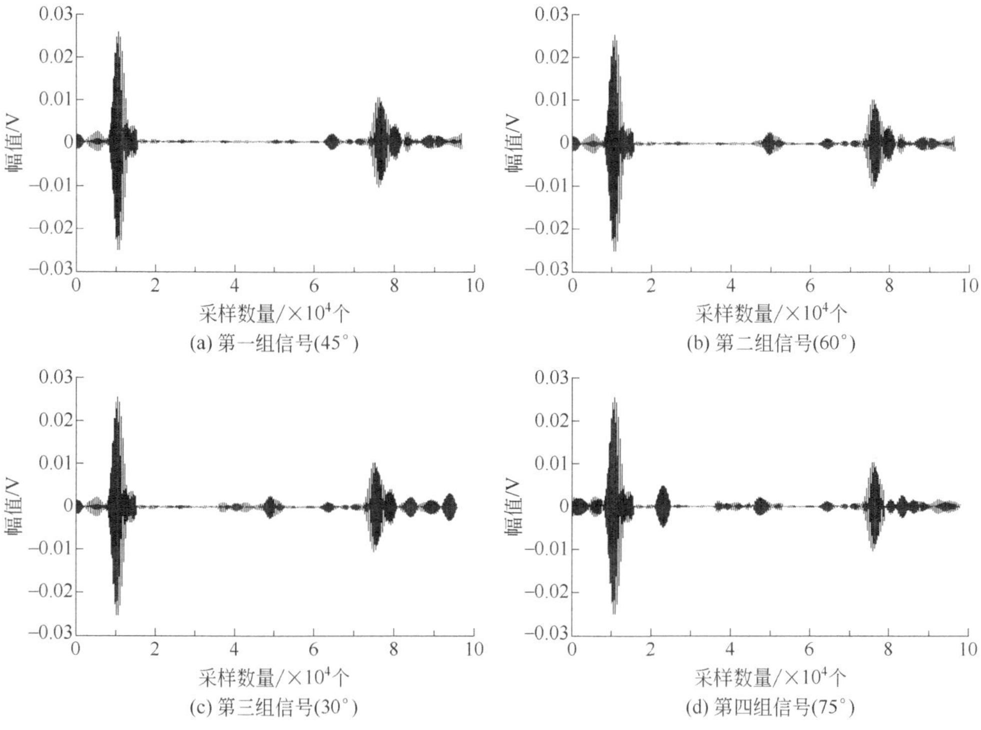


**图 5.27　各组信号**

比较图 5.27 和图 5.28 可知：

① 单独激励再叠加的方法获得的缺陷波包幅值虽然比时间反转监测法的缺陷波包幅值小，但相对直接导波监测信号已有显著增长，时间反转方法产生的效应已有所体现；

② 本试验中采用的分别在每个传感器加载时间反转信号，然后进行叠加的方法，与多通道同时在不同的传感器激励不同的时间反转信号相比，会产生更多的弯曲模态，因此从最后的叠加效果看，会产生比较多的杂波信号，对信号的判读带来一定的影响。

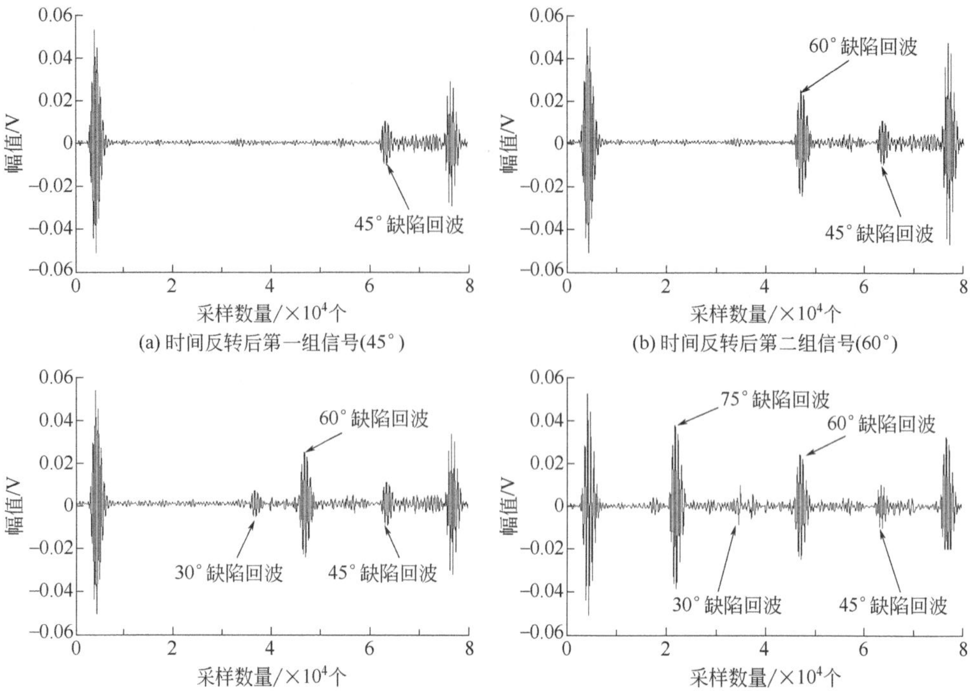


(a) 时间反转后第一组信号(45°)　(b) 时间反转后第二组信号(60°)

(c) 时间反转后第三组信号(30°)　(d) 时间反转后第四组信号(75°)

**图 5.28　不同角度斜向裂纹时间反转信号的叠加信号**

图 5.29 结果显示，对于斜裂纹缺陷（当裂纹与管道母线的倾斜角分别为 30°、45°、60° 与 75° 时），当裂纹与管道母线的倾斜角较小（小于等于 45°）时，裂纹的两个尖端造成的模态转换现象导致出现的各导波模态在时间轴上相距更远。经过时间反转法作用后，监测信号中缺陷反射系数会得到更大的放大倍数，尤其在斜裂缝中，通过图 5.30 可见，随着通过时间反转再激励反射系数一般可达到 5 倍以上，裂缝长轴与管道母线间倾斜角的增大，使得长轴端与短轴发生的模态转换现象略微突出，因此放大倍数也相应增大。这个规律和时间反转的缺陷回波规律相同，只是经过时间反转以后，缺陷反射会得到更大的放大倍数，同时会在一定程度上抑制模态转换。

表 5.4 是时间反转后计算得到不同夹角裂缝位置。由表 5.4 可得出，随着裂缝与母线夹角的增大，误差不断减小，当夹角大于 60° 时，误差趋于稳定。当夹角较小时，计算得到的距离与实际

距离相差较大。经过时间反转处理以后和反转前有相同的分布规律，但是精确度略有提高。

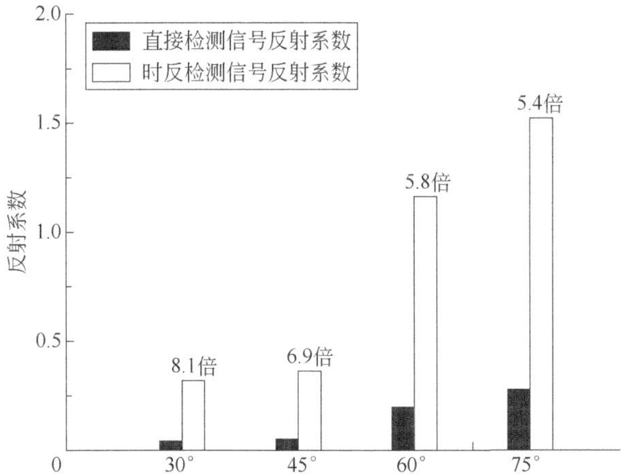


图 5.29　直接监测信号与时间反转监测信号的缺陷反射系数比较（斜向裂纹）

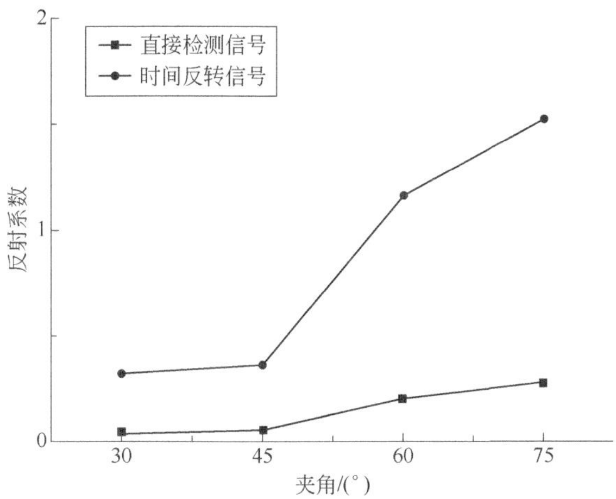


图 5.30　夹角与反射系数关系

表 5.4　时间反转后计算得到不同夹角裂缝位置

| | 夹角/（°） | | | |
|---|---|---|---|---|
| | 30 | 45 | 60 | 75 |
| 时间差/ms | 0.4931 | 0.952 | 0.7158 | 0.259 |
| 计算值/mm | 1322.74 | 2553.74 | 1920.134 | 694.77 |
| 实际值/mm | 1380 | 2585 | 1940 | 680 |
| 误差/mm | 57.26 | 31.26 | 19.866 | 14.77 |

根据表 5.4 中的误差数据可知，当裂纹与管道母线夹角较大时，脉冲回波法能比较准确地判断出裂纹的位置，但是当裂纹与管道母线夹角较小时，计算值与实际值的差值较大，并且随着夹角的减小，差值不断增大。经过时间反转以后提高了缺陷裂缝产生的幅值，抑制了一些模态的发生，使缺陷信号更容易识别。

## 5.5 本章小结

利用脉冲回波原理，对无缺陷和含有裂纹的管道进行了试验研究，得到了以下结论。

① 对无缺陷管道的试验结果表明,根据入射和反射波包的时间差计算得到的导波传播速度与频散曲线中 L(0,2)模态的速度基本吻合,在管道端部均匀布置长度伸缩的 PZT 片可以激励出 L(0,2)模态。周向裂纹的损伤程度与其占管道截面面积比呈线性关系。L(0,2)模态对轴向裂纹不敏感，T(0,1)模态能有效监测出管道中存在的轴向缺陷；斜裂纹与管道母线夹角增大时，缺陷回波幅值和反射系数随之增大，判断缺陷位置的误差减小。

② 数值模拟和试验结果表明,将各时间反转激励信号单独激励再叠加的方式，可用于说明时间反转法能够增强导波缺陷监测能力，并将此过程称为近似时间反转监测。

③ 经时间反转处理后，无论对于周向裂缝、轴向裂缝，还是斜裂缝缺陷反射系数，较直接导波监测方法都有所增大，说明时间反转方法有利于小缺陷的监测。在管道参数等条件相同的前提下，模态转换现象越严重，时间反转法越能在更大程度上提高原有导波缺陷监测的能力。

# 第 6 章　充液埋地管道结构超声导波理论研究与裂纹监测试验

前面几章对超声导波在空心圆管的传播特性和损伤检测进行了理论及试验的研究。在实际的工况下，管道经常是内部有液体并且埋在一定深度的土层下面或者是水下，内部液体和周围的土层使得超声导波在管道中传播的过程中可以通过内部液体和外部分土壤泄漏出去，对波的传播是一种强干扰因素，是目前管道损伤检测和监测信号分析中的研究难点和热点。研究管周围土和管内液体对管道中超声导波传播特性的影响对有效检测管道损伤进而判定管道的健康情况，提高管道监测水平具有非常重要的现实意义。同时也检验时间反转法在这样的管道中应用是否与前述空管试验以及有限元分析那样，具有比较好的应用效果。

## 6.1 充液埋地管道结构超声导波监测理论

管道-土体系中的导波传播波动方程可以根据三维弹性波动理论进行求解。

管道的计算模型如图 6.1 所示，$z$ 方向为轴向方向尺寸且足够长，管道内径为 $a$，外径为 $b$，设定坐标系的 $z$ 轴与管道的 $z$ 方向轴线重合。本计算模型中假设管道和土均为各向同性体线弹性体，管和土之间耦合良好。

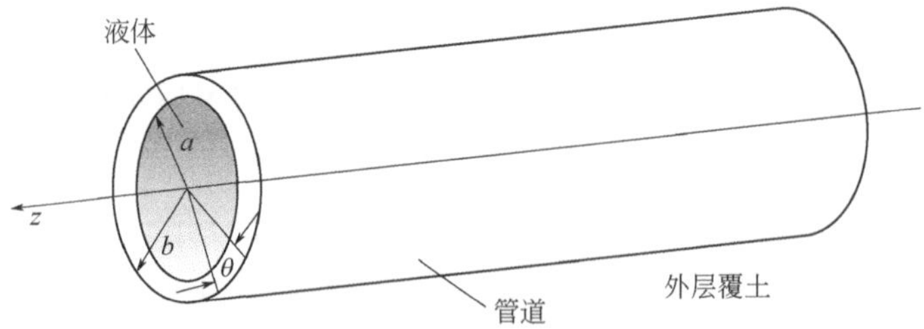


图 6.1 管道的计算模型

根据第二章的空心管的结论，从 Navier-Stokes 方程开始，运动方程为

$$\mu\nabla^2\tilde{u}+(\lambda+\mu)\nabla\nabla\tilde{u}=\rho\frac{\partial^2\tilde{u}}{\partial t^2} \tag{6.1}$$

$$\tilde{u}=\nabla\Phi+\nabla H$$

式中　$\mu$，$\lambda$——材料的 Lame 常数；

$\rho$——材料密度；

$t$——时间；

$\tilde{u}$——位移场。

假设管周围覆盖有均匀的土体，土体覆盖到管道上和管道密切接触，为超声导波能量的泄漏提供了一个通道，传感器接收到回波信号能量会损失一部分。这种情况在进行理论分析和试验研究的时候必须考虑，笔者提出了如下的解决方案。

① 对于在土中传播的纵波，必须将势函数和一个附加的位移场方程一起考虑。

$$u_z = A\mathrm{e}^{i(kz-\omega t)}\mathrm{e}^{-a_z'} \tag{6.2}$$

② 必须考虑管道中传播的超声导波由于能量泄漏到土中和管道液体中引起能量衰减。

在求解由于超声导波在充液埋地管道的传播规律中，笔者引入了 Hankel 这种特殊函数。具有渐进性是 Hankel 函数的一个最重要的特性，所谓渐进性是指波从管中扩散到很远距离并逐渐衰减且消失的一种特性。也就是说，在某一远处泄漏出去的波将会消失，不会重新反射到管道上。在土中波的标量势函数中引入合适的第二类 Hankel 函数可以满足这样的条件，其表达式为

$$f = B_5 H_0^{(2)}\left(\alpha' r\right) \tag{6.3}$$

$$g_r = B_6 H_1^{(2)}\left(\alpha' r\right) \tag{6.4}$$

式中，$\alpha'^2 = \left(\omega / C_s'\right)^2 - k^2$，$H_0^{(2)}\left(\alpha' r\right) = J_0\left(\alpha' r\right) - iY_0\left(\alpha' r\right)$，$R[H_0^{(2)}(x)]$是 Hankel 函数的实部，其渐进特性随变量变化而变化，如图 6.2 所示。

将 Hankel 函数代入应力及位移表达式中，可以得到

$$\sigma_{rr}' = \begin{pmatrix} B_5\left\{-\left[\lambda'\left(\alpha'^2 + k^2\right) + 2\mu\alpha'^2\right]H_0^{(2)}\left(\alpha' r\right) + 2\mu\alpha\dfrac{H_1^{(2)}\left(\alpha' r\right)}{r}\right\} - \\ B_6\left\{i2\mu' k\left[\beta' H_0^{(2)}\left(\beta' r\right) - \dfrac{1}{r}H_1^{(2)}\left(\beta' r\right)\right]\right\} \end{pmatrix}\mathrm{e}^{i(kz-\omega t)} \tag{6.5}$$

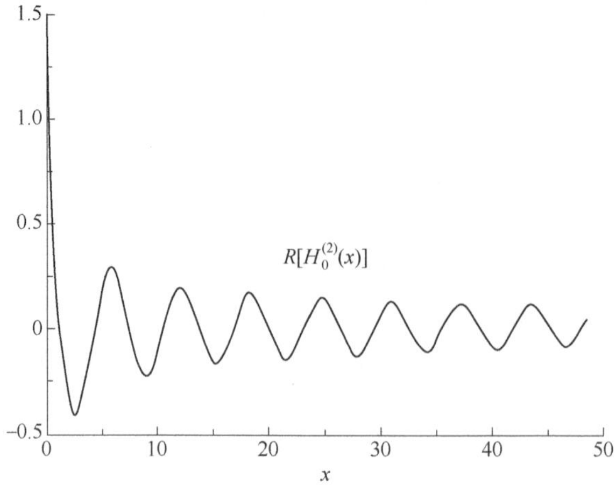


图 6.2 Hankel 函数的渐进特性

$$\sigma_{rz}^{'}=\left\{B_5\left[i2\mu^{'}k\alpha^{'}H_1^{(2)}\left(\alpha^{'}r\right)\right]+B_6\left[\mu^{'}\left(k^2-\beta^{'2}\right)H_1^{(2)}\left(\beta^{'}r\right)\right]\right\}\mathrm{e}^{i(kz-\omega t)} \tag{6.6}$$

$$u_r^{'}=\left\{-B_5\left[\alpha^{'}H_1^{(2)}\left(\alpha^{'}r\right)\right]+B_6\left[ikH_1^2\left(\beta^{'}r\right)\right]\right\}\mathrm{e}^{i(kz-\omega t)} \tag{6.7}$$

$$u_z^{'}=\left\{-B_5\left[ikH_0^{(2)}\left(\alpha^{'}r\right)\right]+B_6\left[\frac{2}{r}H_1^{(2)}\left(\beta^{'}r\right)-\beta^{'}H_0^{(2)}\left(\beta^{'}r\right)\right]\right\}\mathrm{e}^{i(kz-\omega t)} \tag{6.8}$$

管道中存在非黏性液体，波在其中传播时，仍满足式(6.5)～式(6.8)。不同的是，位移场 $U^1$ 只能用标量势 $\phi^1$ 表示，即 $U^1=\nabla\phi^1$。由此求解可得 $\phi^1=CJ_0(\alpha^1 r)\mathrm{e}^{i(kz-\omega t)}$，进一步求解可得

$$\begin{cases}u_r^1=-C\alpha^1 J_1(\alpha^1 r)\mathrm{e}^{i(kz-\omega t)}\\ \sigma_{rr}^1=-C\lambda^1\left[(\alpha^1)^2+k^2\right]J_0(\alpha^1 r)\mathrm{e}^{i(kz-\omega t)}\end{cases} \tag{6.9}$$

式中，$C$ 为待定系数；上标 1 表示液体；$(\alpha^1)^2=\dfrac{\omega^2}{(c^1)^2}-k^2$，$\lambda^1=(c^1)^2\rho^1$ 为 Lame 常数；$c^1$ 为纵波波速；$J$ 为 Bessel 函数。

管道充有液体并埋入土中时，可以得出如下的边界条件。

管道和外界土壤的接触面（$r=r_2$）。

$$\begin{cases}(u_r^{\mathrm{e}})_{r=r_2}=(u_r^{\mathrm{v}})_{r=r_2},(u_z^{\mathrm{e}})_{r=r_2}=(u_z^{\mathrm{v}})_{r=r_2}\\ (\sigma_{rr}^{\mathrm{e}})_{r=r_2}=(\sigma_{rr}^{\mathrm{v}})_{r=r_2},(\sigma_{rz}^{\mathrm{e}})_{r=r_2}=(\sigma_{rz}^{\mathrm{v}})_{r=r_2}\end{cases} \tag{6.10a}$$

液体和管道交界面处（$r=r_1$）。

$$\begin{cases}(u_r)^{\mathrm{e}}_{r=r_1}=(u_r)^{1}_{r=r_1}\\(\sigma_{rr})^{\mathrm{e}}_{r=r_1}=(\sigma_{rr})^{1}_{r=r_1}\\(\sigma_{rz})^{\mathrm{e}}_{r=r_1}=(\sigma_{rz})^{1}_{r=r_1}=0\end{cases}\tag{6.10b}$$

将式（6.10a）和式（6.10b）代入式（6.9），由此得到一组特征方程。要使方程有解，必须系数行列式等于零，即可以得到充液埋地的频散方程为

$$\begin{vmatrix}B_{11}&B_{12}&B_{13}&B_{14}&B_{15}&B_{16}\\B_{21}&B_{22}&B_{23}&B_{24}&B_{25}&B_{26}\\B_{31}&B_{32}&B_{33}&B_{34}&B_{35}&B_{36}\\B_{41}&B_{42}&B_{43}&B_{44}&B_{45}&B_{46}\\B_{51}&B_{52}&B_{53}&B_{54}&B_{55}&B_{56}\\B_{61}&B_{62}&B_{63}&B_{64}&B_{65}&B_{66}\end{vmatrix}=0\tag{6.11}$$

其中

$$B_{11}=-\left[\lambda\left(\alpha^2+k^2\right)+2\mu\alpha^2\right]J_0(\alpha a)+2\mu\alpha\frac{J_1(\alpha a)}{a}$$

$$B_{12}=-\left[\lambda\left(\alpha^2+k^2\right)+2\mu\alpha^2\right]Y_0(\alpha a)+2\mu\alpha\frac{Y_1(\alpha a)}{a}$$

$$B_{13}=-i2\mu k\left[\beta J_0(\beta a)-\frac{1}{a}J_1(\beta A)\right]$$

$$B_{14}=-2i\mu k\left[\beta Y_0(\beta a)-\frac{1}{a}Y_1(\beta a)\right]$$

$$B_{15}=B_{16}=0$$

$$B_{21}=i2\mu k\alpha J_1(\alpha a)$$

$$B_{22}=i2\mu k\alpha Y_1(\alpha a)$$

$$B_{23}=\mu\left(k^2-\beta^2\right)J_1(\beta a)$$

$$B_{24}=\mu\left(k^2-\beta^2\right)Y_1(\beta a)$$

$$B_{25} = B_{26} = 0$$

$$B_{31} = -\left[\lambda\left(\alpha^2 + k^2\right) + 2\mu\alpha^2\right] J_0(\alpha b) + 2\mu\alpha \frac{J_1(\alpha b)}{b}$$

$$B_{32} = -\left[\lambda\left(\alpha^2 + k^2\right) + 2\mu\alpha^2\right] Y_0(\alpha b) + 2\mu\alpha \frac{Y_1(\alpha b)}{b}$$

$$B_{33} = -i2\mu k\left[\beta J_0(\beta b) - \frac{1}{b} J_1(\beta b)\right]$$

$$B_{34} = -i2\mu k\left[\beta Y_0(\beta b) - \frac{1}{b} J_1(\beta b)\right]$$

$$B_{35} = \left[\lambda'\left(\alpha'^2 + k^2\right) + 2\mu'\alpha'^2\right] H_0^{(2)}\left(\alpha' b\right) - 2\mu'\alpha' \frac{H_1^{(2)}\left(\alpha' b\right)}{b}$$

$$B_{36} = i2\mu' k\left[\beta' H_0^{(2)}\left(\beta' b\right) - \frac{1}{b} H_1^{(2)}\left(\beta' b\right)\right]$$

$$B_{41} = -i2\mu k\alpha J_1(\alpha b)$$

$$B_{42} = -i2\mu k\alpha Y_1(\alpha b)$$

$$B_{43} = \mu\left(k^2 - \beta^2\right) J_1(\beta b)$$

$$B_{44} = \mu\left(k^2 - \beta^2\right) Y_1(\beta b)$$

$$B_{45} = -i2\mu' k\alpha' H_1^{(2)}(\alpha' b)$$

$$B_{46} = -\mu'\left(k^2 - \beta'^2\right) H_1^{(2)}\left(\beta' b\right)$$

$$B_{51} = -\alpha J_1(\alpha b)$$

$$B_{52} = -\alpha Y_0(\alpha b)$$

$$B_{53} = ikJ_1(\beta b)$$

$$B_{54} = ikY_1(\beta' b)$$

$$B_{55} = \alpha' H_1^{(2)}(\alpha' b)$$

$$B_{56} = -ikH_1^{(2)}\left(\beta' b\right)$$

$$B_{61} = -ikJ_0(\alpha b)$$

$$B_{62} = -ikY_0(\alpha b)$$

$$B_{63} = -\frac{2}{b}J_1(\beta b) - \beta J_0(\beta b)$$

$$B_{64} = Y_1(\beta b) - \beta Y_0(\beta B)$$

$$B_{65} = ikH_0^{(2)}\left(\alpha' b\right)$$

$$B_{66} = -\frac{2}{B}H_1^{(2)}\left(\beta' b\right) + \beta' H_0^{(2)}\left(\beta' b\right)$$

对系数行列式进行求解，就可以得到埋地充液工况下管道的频散曲线。式（6.11）为充液埋地管道中超声导波纵向模态的频散方程，即波数 $k$ 和频率 $f$ 的关系表达式，该方程只能数值求解。

## 6.2 试验系统

根据脉冲回波法的原理，建立了一套试验系统，如图 6.3 所示，其组成部分有：任意波形信号发生器、信号功率放大器、用于激励和接收信号的 PZT 元件、被测管道、模拟埋土装置、加水和回水装置、数字示波器和计算机。系统中所使用的信号发生器为 RIGOL DG10×2 系列双通道函数/任意波形发生器。该设备可输出 5 种基本波形和任意波形。任意波形的频率特性为 1μHz～5MHz，完全满足本试验的要求。具有丰富的调制功能，输出各种调制波形：调幅、调频、调相、线性和对数扫描及脉冲串模式。支持 USB 存储设备，可通过 USB 存储设备存储、读取波形配置参数及用户自定义任意波形。在超声导波监测试验中，通常均以脉冲作为激励信号，而一般的波形发生器原有的波形信号无法满足试验的要求，所以只能通过 USB 存储设备读取用户自定义的波形，本书试验中所采用的激励信号均为自定义脉冲信号。

RIGOL DS1000E 数字示波器作为信号采集设备。可实现对信号的采集、触发、存储和运筹运算等功能。可实现 1GSa/s 的实时采样和 25GSa/s 的等效采样，满足试验所需的采样率要求。该型数字示波器可实现随机信号的自动补偿功能，并带有数字滤波器功能，使接收到的信号更容易分析。

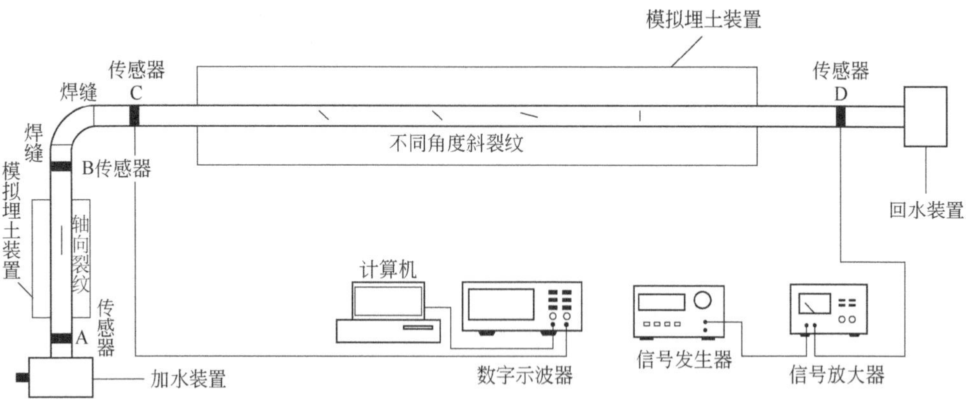


**图 6.3 试验系统示意**

根据试验要求，建立了超声导波监测试验系统，在管道中激励接收超声导波进行管道监测试验，试验系统如图 6.4 所示。

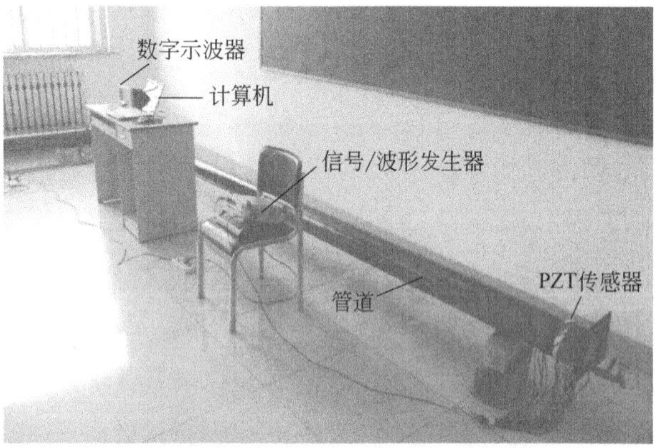


**图 6.4 试验系统（充液状态）**

## 6.3 基于纵向导波的充液埋地直管斜裂纹监测

### 6.3.1 纵向导波的频散曲线和激励频率的选择

埋地管道结构健康监测原理如图 6.5 所示，由数字示波器、功率放大器、信号放大器、被测试管道和覆土装置构成，本次选用满足《输送流作用无缝钢管》（GB/T 8163—2018）标准的 Q235 无缝输送流体钢管，直径为 159mm，壁厚为 4.5mm，其余参数见

表 6.1。管道 D 端为信号激励端，C 端为信号接收端，本试验系统也即是图 6.2 系统中的 DC 部分。

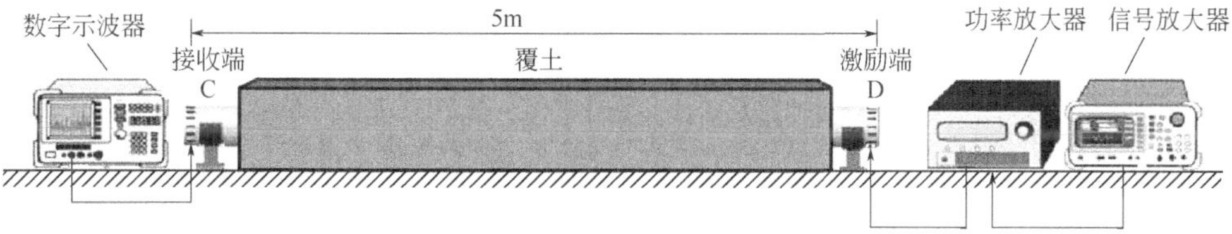


图 6.5 埋地管道结构健康监测原理

表 6.1 材质的主要参数

| 主要参数 | 纵波波速/（m/s） | 横波波速/（m/s） | 密度/（kg/m$^3$） |
|---|---|---|---|
| 钢管 | 5760 | 3260 | 7950 |
| 覆土 | 1500 | 300 | — |
| 水 | 1500 | — | — |

超声导波管道监测的关键是激励信号选取，也是监测的第一步。纵向导波频散曲线反映了导波在该结构中的传播特性，但仅由频散曲线阐述导波规律，来决定监测模态和频率是片面的，同时需要结合导波结构的分析来充分阐述导波的传播规律，从而完善模态和频率的选择，为工程监测提供更可靠的依据。

由式（6.9）和式（6.10）通过计算程序可以计算得到埋地充液管道中纵向模态超声导波的相速度和衰减频散曲线，进而利用式（6.12）可以得到群速度 $c_g$ 频散曲线，见图 6.6。

$$c_{\mathrm{g}}=\frac{\mathrm{d}w}{\mathrm{d}k_{\mathrm{real}}}=\frac{c_{\mathrm{p}}^{2}}{c_{\mathrm{p}}-w\dfrac{\mathrm{d}c_{\mathrm{p}}}{\mathrm{d}w}} \tag{6.12}$$

通过频散曲线和第 2 章的模态归一化径向和轴向位移分布，可以得出以下结论。

① 频散曲线中存在的纵向轴对称模态——α模态。当频率为 0.15MHz 时，α模态的群速度达到最大值 2013m/s；当频率为 0.0496MHz 时，α模态的群速度达到最小值 733m/s。在整个频段内，α模态频散相对较小，且理论衰减值为零。而由波结构可知α模态在频率为小于 0.50kHz 时，径向位移 $U_r$ 占主导，径向应力 $\sigma_{rr}$

为主，这样就使能量泄漏到液体中去，并由轴向能流分布可知，能量主要在管道内部的液体中传播，实际中很难激励得到。因此，α模态虽有频散和衰减比较小的优点，但也不适合用于实际监测。

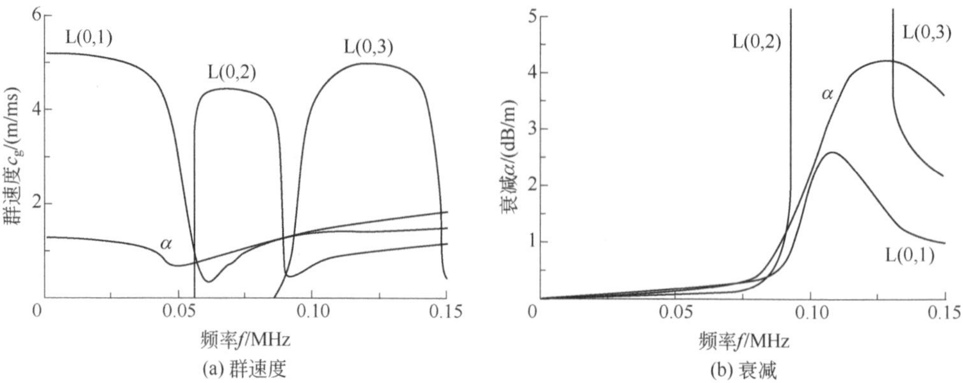


**图 6.6 埋地充液管道纵向导波的频散曲线**

② 在群速度频散曲线中，在频率为 0～0.15MHz 时，速度随频率的变化不是很大。在 4800～4510m/s 时，L(0,2)模态的群速度接近一条直线；频段为 0.060～0.080MHz 时，L(0,2)模态的频散和衰减均很小并且以轴向位移为主，因此 L(0,2)模态适合作为监测模态。

③ 图 6.5 中所示的所有纵向导波均有不同程度的衰减且比较严重。对于埋在土中的管道结构，必须考虑纵向导波由于能量泄漏到水中而引起的散射衰减，以及黏弹性介质的吸收衰减。

④ 在一定的频带区域，L(0,1～0,3)模态均群速度出现最大值，而且在群速度最大值附近曲线趋于平坦，此时频散和衰减都相对较小。在平坦区内的模态可能适合监测，但并不是所有平坦区内的频率都可用于监测，还要考虑轴向位移和应力波结构的情况。

为了在管道激励出特定频率的 L(0,2)模态，本书中选取的是单音频信号，即经 Hanning 窗函数调制的 5 个周期的正弦信号，激励频率为 70kHz（图 6.7）。

如图 6.8 所示，管道裂纹检测采用的 PZT 陶瓷片（16 片）并排排列在管道的圆周，PZT 传感器为尺寸 20mm×4mm×0.5mm，长度伸缩型 PZT 陶瓷片（其他参数见表 6.2），利用黏合剂粘贴在钢管的端部，压电陶瓷片的长度方向平行管道轴向。

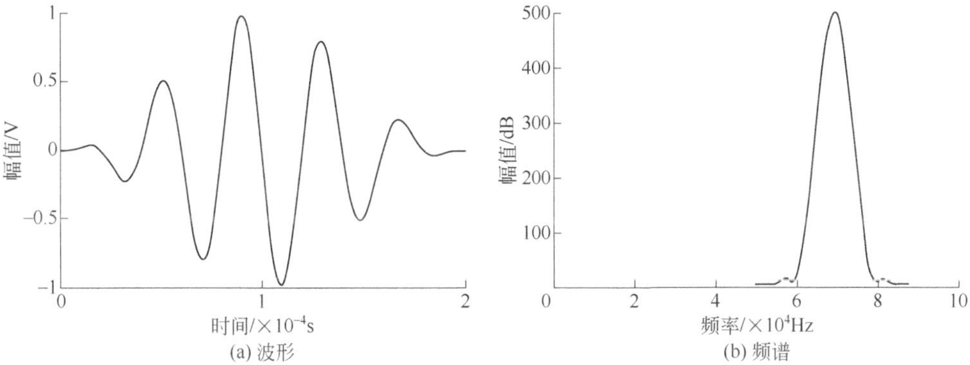


图 6.7　激励信号

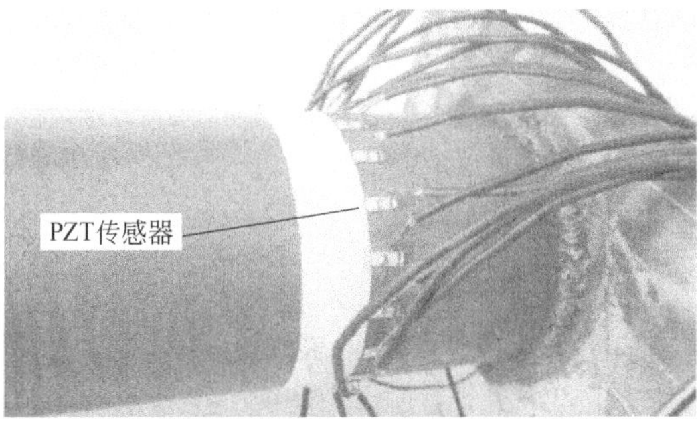


图 6.8　压电陶瓷环布置

表 6.2　切变型压电陶瓷传感器材料参数

| 尺寸/mm | 谐振频率 $f_s$/kHz | 机电耦合系数 $K_p$ | 阻抗 /Ω | 静电容（$C_0$）/pF | 压电常数（d33） |
|---|---|---|---|---|---|
| 20×4×0.5 | 68-76 | ＞0.38 | 7.4 | 70000±14000 | ＞700 |

## 6.3.2　试验结果及分析

首先为了检测本次试验的系统的可靠性，对埋土深度为 0.3m 条件充满水的管道进行了测试，采用激励频率为 70kHz。从图 6.8 可以看出，在 0.008s 内，端面回波共传播 4 次，信号的波形很清晰。通过对数据信号进行处理，计算得到第 4 次端面回波的传播时间为 7.963ms，因此可以确定超声导波在管道中传播速度为 $2\times5\times4/(7.963\times10^{-3})=4680$(m/s)，与频率为 70kHz 的 L(0,2)模态理论的群速度值 4730m/s 相差仅为 1.05%，因此可以确定激励出的模态为 L(0,2)模态，可以看出 L(0,2)模态在管道中出现多次回波，并且衰减比较小，可以获得较高的信噪比。

而从图 6.9 中可以看出，前几次端面回波波形清晰，没有发生畸变，可以明显地识别出 4 次端面回波。通过波中传播，长距离传播后波形不会发生变化，适合埋地状态下充水钢管中的缺陷监测。

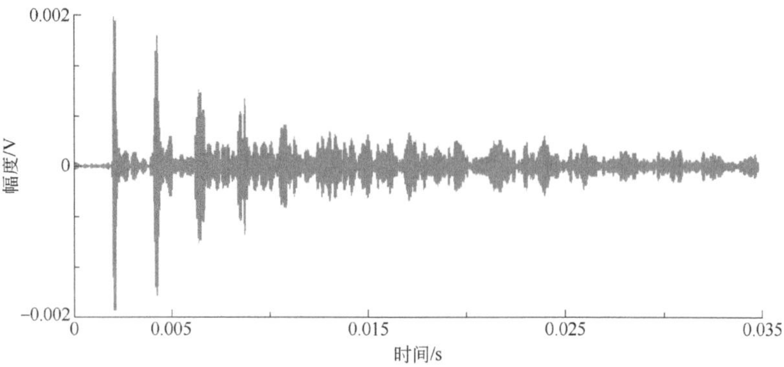


**图 6.9 激励频率为 70kHz 时埋地充液水管道的接收的时域波形**

图 6.10 给出了部分频率下试验测得纵向模态的群速度和衰减值，与理论频散曲线较为吻合，说明在对该类管道进行监测时，纵向模态频散曲线可以用来作为模态选取的理论指导。

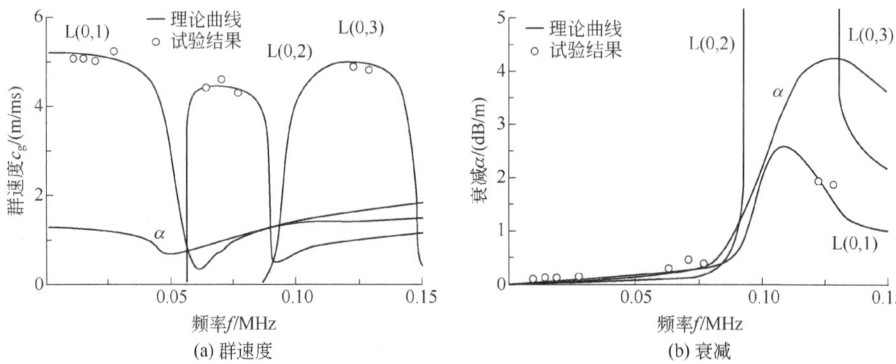


**图 6.10 0.5m 厚覆土充水管道中纵向模态和衰减频散曲线**

## 6.3.3 含不同角度斜裂纹管道结构损伤时间反转监测

采用第 5 章的叠加方法可以实现单通道的时间反转信号激励。在图 6.5 所示的试验系统中，将 C 端接收到的监测信号做时间反转处理（取点率 $v$=0.005），然后逐个加载在阵列 B 中的各传感器上，并分别获取监测信号，每个激励信号单独作用时，均在管道模型靠近端部的观测节点上提取轴向位移时程曲线并叠加，最终将接收到的信号叠加结果再次叠加在一起，本次试验在同一个管道上分别人工做出与圆管轴线成 90º（周向）、30°、45°、60° 与 75° 角的斜裂纹，观察斜裂纹对缺陷回波的影响。裂纹沿圆管表面的长度均为 60mm，宽为 2mm。各夹角的裂纹形式分别如图 6.11 和图 6.12 所示。获得的直接监测波形和经过时间反转后的波形如图 6.13 所示。

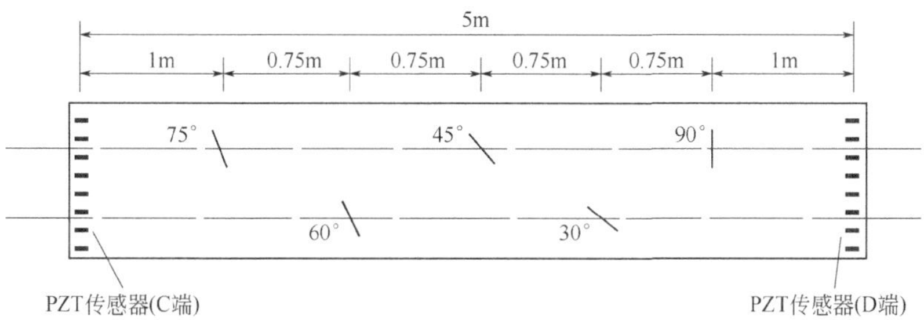


图 6.11　斜裂纹布置

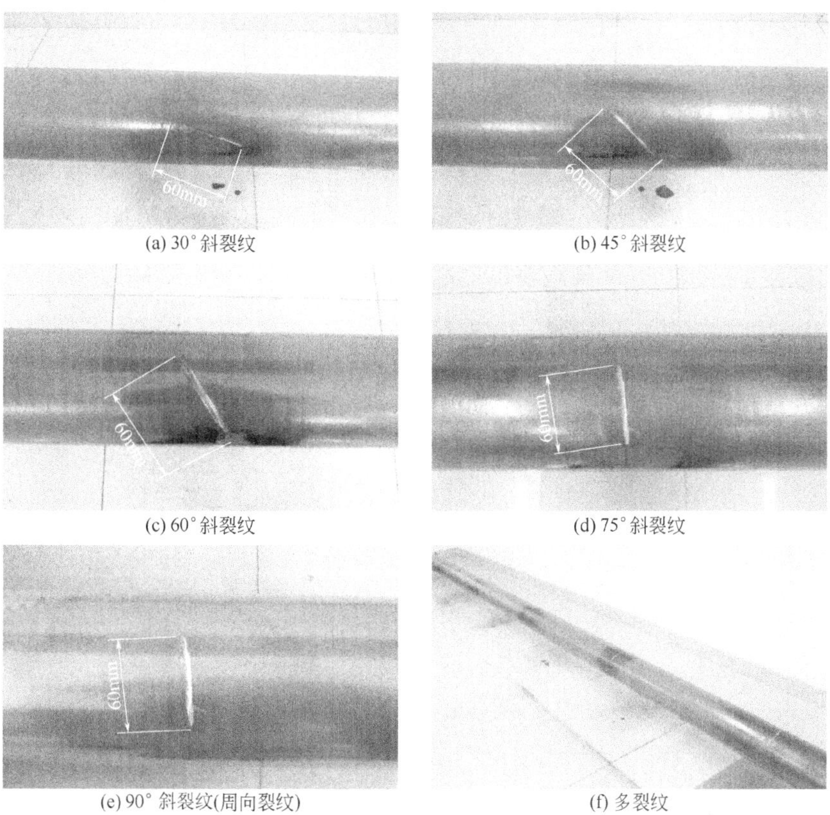


(a) 30° 斜裂纹　(b) 45° 斜裂纹

(c) 60° 斜裂纹　(d) 75° 斜裂纹

(e) 90° 斜裂纹(周向裂纹)　(f) 多裂纹

图 6.12　斜向裂纹形式

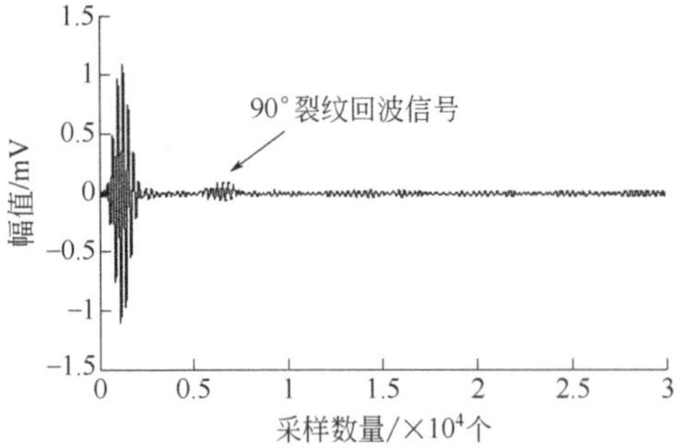

(a) 90° 周向裂纹直接监测叠加信号

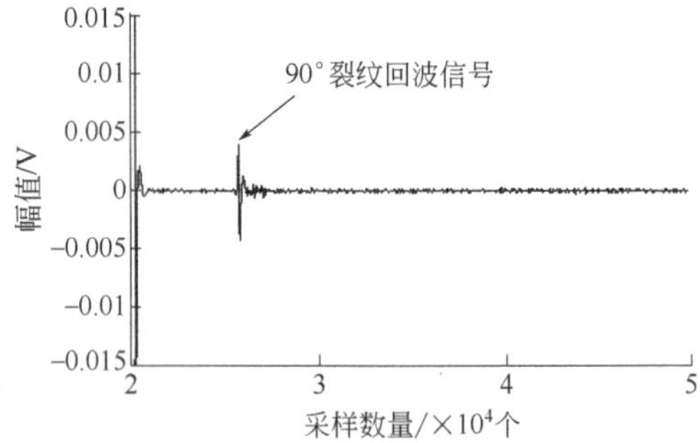

(b) 90° 周向裂纹时间反转叠加信号($v = 0.05$)

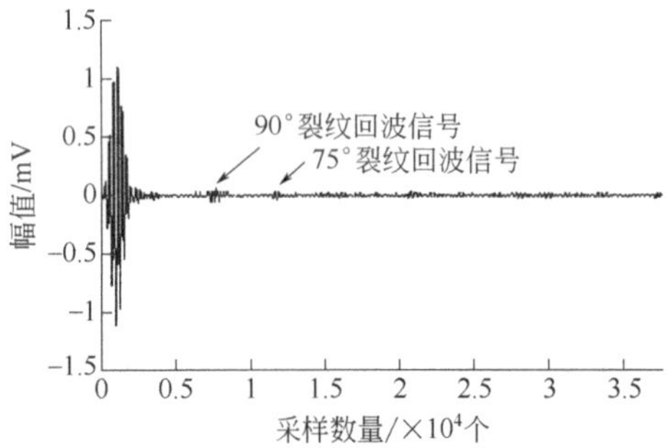

(c) 75°、90°裂纹直接监测叠加信号

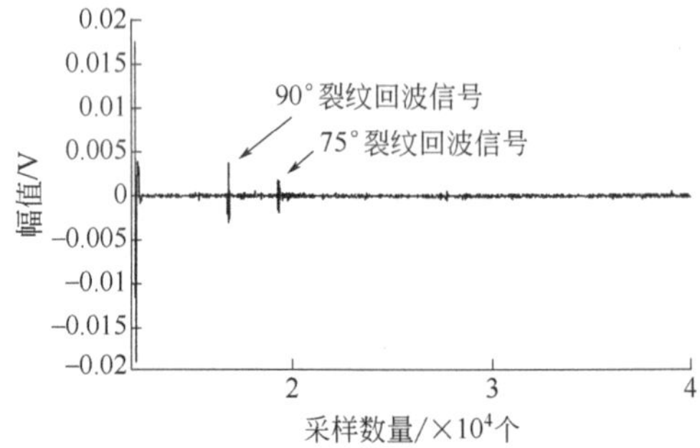

(d) 75°、90°斜裂纹时间反转叠加信号($v = 0.05$)

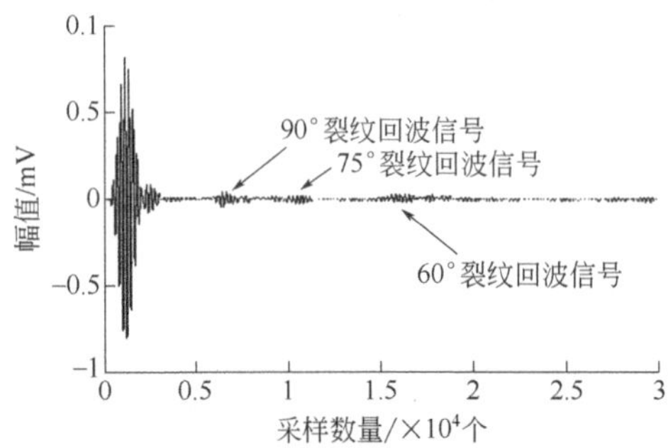

(e) 60°、75°、90°斜裂纹直接监测叠加信号

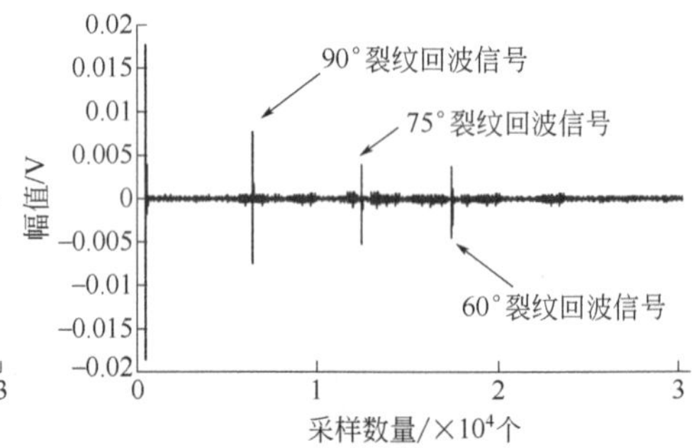

(f) 60°、75°、90°斜裂纹时间反转叠加信号($v = 0.05$)

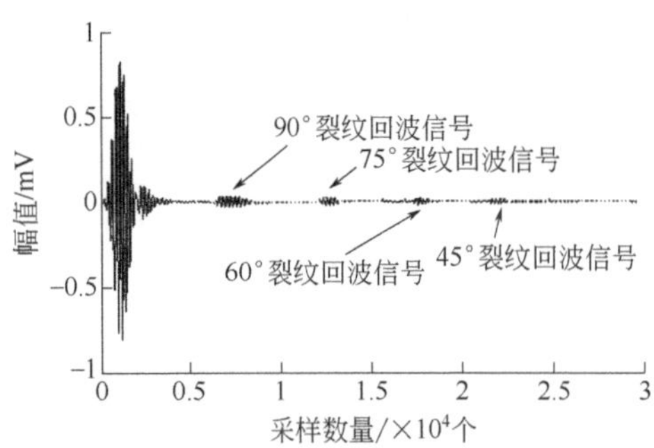

(g) 45°、60°、75°、90°斜裂纹直接监测叠加信号

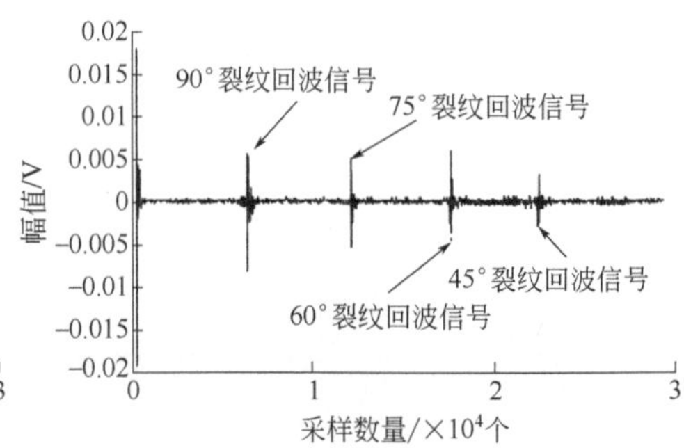

(h) 45°、60°、75°、90°斜裂纹时间反转叠加信号($v = 0.05$)

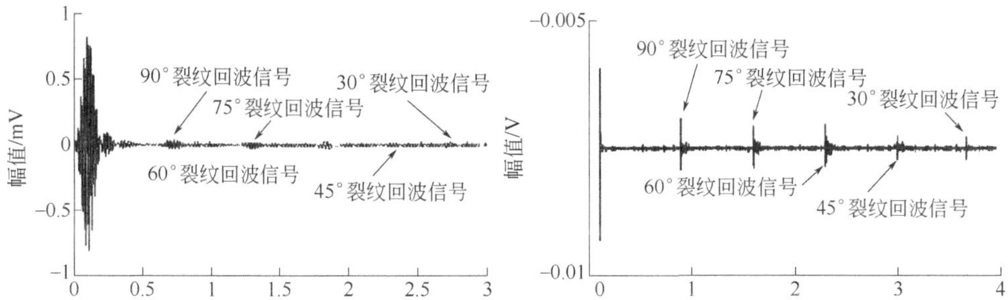


(i) 30°、45°、60°、75°、90°斜裂纹直接监测叠加信号

(j) 30°、45°、60°、75°、90°斜裂纹时间反转叠加信号($v=0.05$)

**图 6.13　埋地充水管道不同工况斜裂缝信号（覆土深度 0.3m）**

由图 6.13 可得以下结论。

① 单独激励再叠加的方法获得的缺陷波包幅值比时间反转监测法的缺陷波包幅值小，但相对直接导波监测信号已有显著增长，在管道埋地状况下时间反转方法产生的聚焦效应也能够体现出来，不过模态转换的现象要比有限元分析的结果要严重。

② 多裂纹存在的时候，模态转换和杂波明显增加。主副瓣的辨识变得不是特别明显，副瓣经常被其他杂波淹没。

③ 如果在某一 PZT 传感器上单独激励经过时间反转处理的信号是一种非轴对称局部加载的情况，与各个节点都激励不同的时间反转信号相比，超声导波在管中传播会产生更多的导波弯曲模态，而所有这些模态在遇到管道裂纹或其他损伤缺均会发生模态转换，最后的叠加结果中也会出现更多更复杂的波包，干扰对监测信号的判别。

④ 如果是多通道的时间反转，这种现象会大幅度减少，时间反转法会体现出更大的优势。

⑤ 时间反转后信号的频率变得比较混乱，滤波变得很困难，需要进一步的开展研究。

图 6.14 与图 6.15 结果显示，对于斜裂纹缺陷（当裂纹与管道母线的倾斜角分别为 30°、45°、60°、75°和 90º的周向裂纹），当裂纹与管道母线的倾斜角较小(小于等于 45°)时，在埋地充液条件下，经过时间反转法处理后，监测信号中缺陷反射系数会得到比较大的放大倍数。由图 6.14 可见，最小的 90°斜裂缝的放大

倍数也能达到 4.8 倍以上。由于实际的埋地管道外部噪声、管内液体和覆土的影响，使得信号的衰减比空心管道要大得多，使损伤信号幅值的聚焦效果没有空心管道和有限元的结果理想，同时缺乏多通道的信号发射设备进而采用单独激励再叠加的方法获得的缺陷波包幅值，也是一个重要因素。

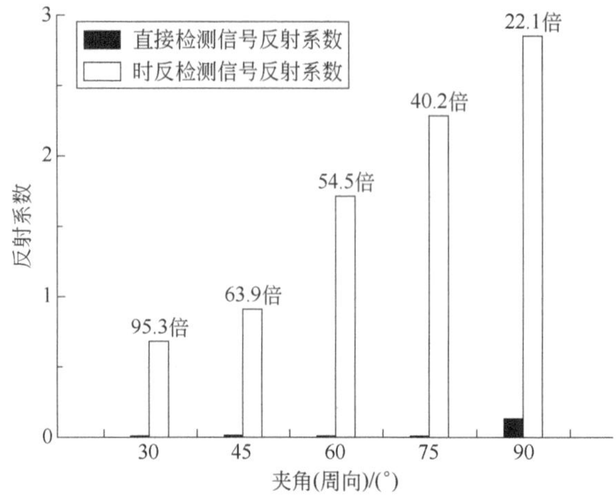


图 6.14　夹角与反射系数关系图

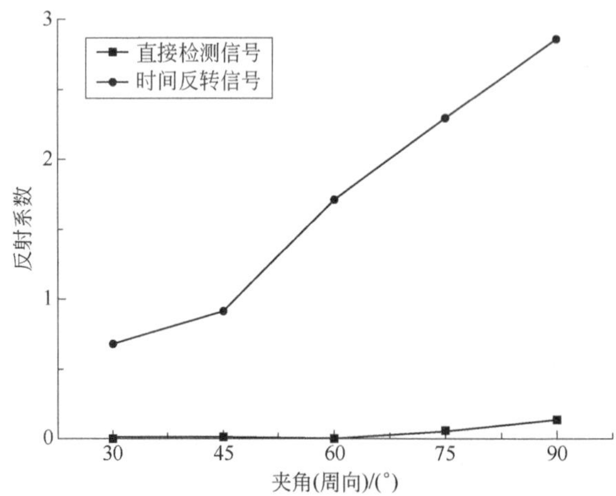


图 6.15　夹角与反射系数关系曲线

裂缝长轴与管道母线间倾斜角的增大，使得长轴端与短轴发生的模态转换现象更加突出，因此放大倍数也相应增大。这个规律和时间反转取得缺陷回波规律相同。和空心管和有限元模拟得到的变化规律也相同，只是埋地充液以后，噪声的影响因素更为突出，时间反转法更能体现出优势，同时会在一定程度上抑制模态转换和噪声的影响。

## 6.4 基于扭转模态导波的埋地充液直管轴向裂纹监测

根据前人的研究成果和笔者科研团队的试验结果可知，不同的导波模态对不同的缺陷敏感程度是不同的，其中纵向模态导波对周向缺陷敏感，对轴向缺陷检测效果则不理想。对两类缺陷均敏感是扭转模态导波，因此扭转模态导波在管道长距离多类型缺陷并存的损伤监测中具有独特的优势。

### 6.4.1 扭转导波激励频率的选择

对于内充有液体的埋地管道，以充水的钢管为例选用 GB/T8163—1999 标准的 Q235 无缝输送流体钢管，直径 159mm，壁厚为 4.5mm，其他参数同表 6.1。图 6.15 给出了充水埋地管道扭转导波的频散曲线。根据何存富、邓菲、吴斌等的研究成果[70~76]，管道在充水状态下，由于扭转模态对水不敏感，并且最低阶扭转模态 T(0,1)随着频率的改变不发生频散现象，可以对长距离充液管道进行的损伤监测。对于埋于地下的管道，则必须考虑土壤对导波的衰减的影响，根据前面分析引入传递函数（Hankel 函数）来描述超声波在土体中传播时因能量被土体吸收而引起的衰减而直至消失，则把土看作黏弹性介质，其横波和纵波波速均为复数，用虚部表征波在土中的衰减。

在根据孔维梁等的研究成果，在单层弹性管道中，最低阶扭转模态 T(0,1)模态没有频散。然而，从图 6.16 可以看出，在埋入土层的充液管道中，T(0,1)模态的传播特性则显示出不同的分布规律。在频率为 0～0.03MHz 时，T(0,1)模态频散很少，群速度均约等于 3245m/s，比钢的横波波速 3260m/s 略低，并且衰减小于 8dB/m，因此这种特性能使导波传播的较远。从图 6.16（b）明显可以看到，当频率大于 0.05MHz 时，T(0,1)模态频散现象逐渐严重，当频率达到 1.1MHz 时，相速度和群速度的下降速度变得很快，随之衰减也相应增大。所以在选取激励频率的时候可以在 0～0.05MHz 中选取，从而激励出扭转模态的导波。

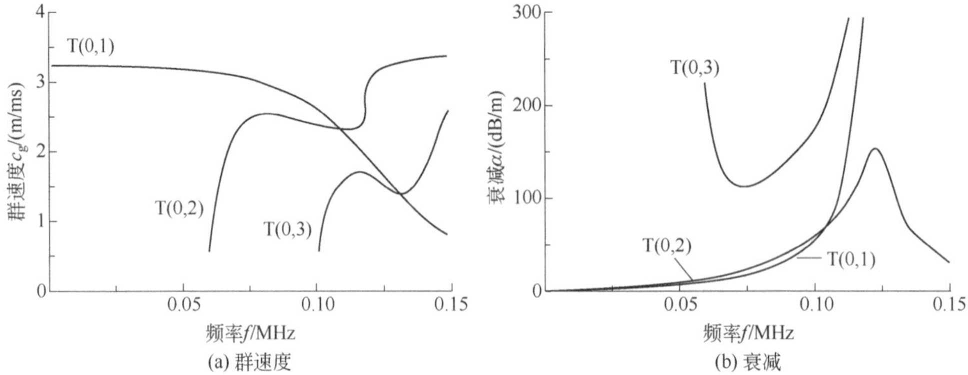


**图 6.16　充水埋地管道扭转导波的频散曲线**

## 6.4.2 试验系统

轴向裂纹监测原理如图 6.17 所示，由数字示波器、功率放大器、信号放大器、被测试管道和覆土装置构成，被测管道长 3.5m，外半径为 159mm，壁厚为 5mm。管道 A 端为信号激励端，B 端为信号接收端，本试验系统也即是图 6.3 系统中的 A 和 B 部分。

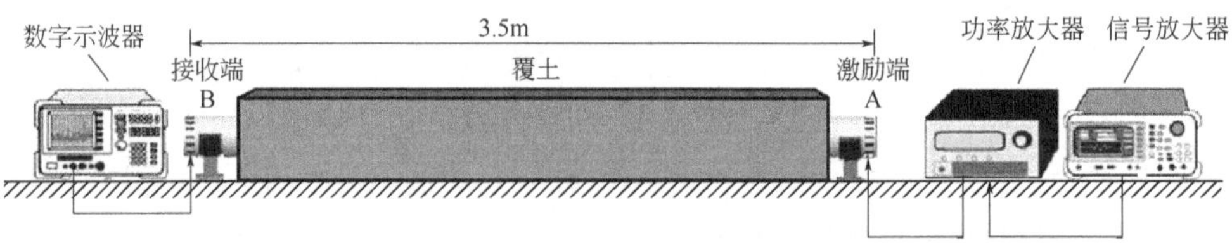


**图 6.17　轴向裂纹监测原理**

为了在管道中激励出沿管道轴向传播的扭转模态，本次试验按如图 6.18 所示选用切变型 PZT 传感器（具体参数见表 6.3）。PZT 片共一共 20 片，超过激发频率在频散曲线上所能出现的最大模态数，PZT 片沿周向均布在管道端部。极化方向沿管道周向，各压电片并列一起组成一个压电陶瓷环。PZT 传感器在激励信号的激励下，在厚度方向会沿宽度方向产生切变振动，因此在管壁上会产生剪切力，并在圆周方向相同，从而可以激励出扭转模态。

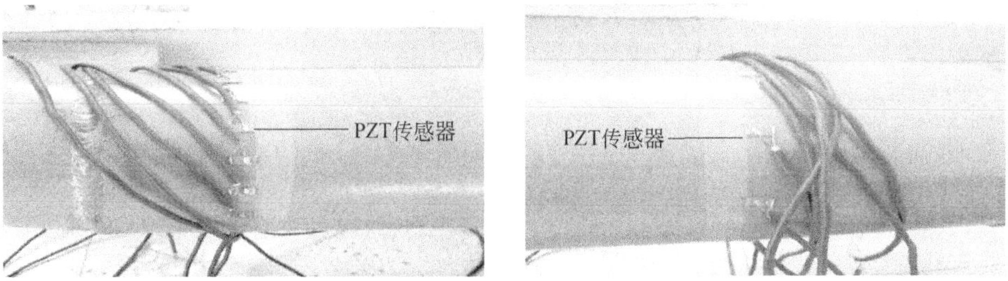


(a) 激励端　　(b) 接收端

图 6.18　压电陶瓷环布置

表 6.3　切变型压电陶瓷传感器材料参数

| 尺寸/mm | 谐振频率 $f_s$/kHz | 机电耦合系数 $K_p$ | 阻抗/Ω | 静电容（$C_0$）/pF | 压电常数（d33） |
| --- | --- | --- | --- | --- | --- |
| 12×4×0.5 | 70.77 | ＞0.31 | 101 | 0.95 | ＞370 |

根据图 6.15 的频散曲线和衰减曲线可知，低频下激励 T(0,1) 模态时，模态成分比较单一，回波信号的能量比较集中，便于进行分析和处理。目前，对管道中轴向裂纹的监测研究还较少，为了验证纵向导波和扭转导波对管中轴向裂纹的监测能力，本书对埋地充液条件下管道中存在单一轴向裂纹进行了监测研究。

裂纹沿轴向长度为 60mm，宽为 3mm，裂纹中心距离 A 端 1000mm，具体形式如图 6.19 所示。

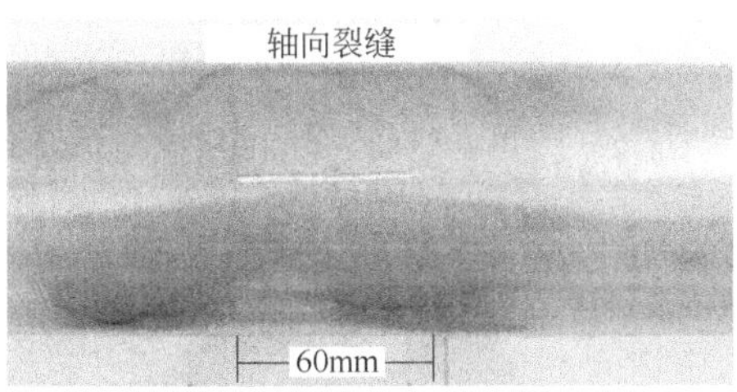


图 6.19　轴向裂纹

选取单音频信号，即经 Hanning 窗函数调制的 5 个周期的正弦信号，激励频率为 25kHz，从而在管道中激励出特定的 T(0,1) 扭转模态，如图 6.20 所示。

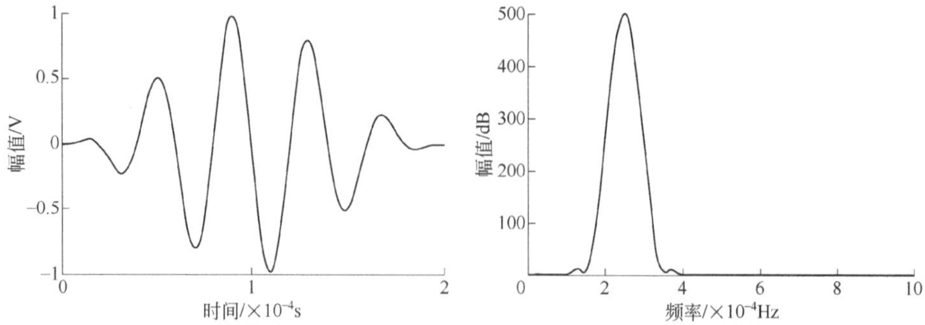


(a) 波形 (b) 频谱

**图 6.20 激励信号**

## 6.4.3 试验结果及分析

图 6.21 给出了在 0.3m 厚度覆土下的管道中群速度曲线和幅值随频率变化的衰减曲线试验结果及理论曲线比较，试验结果与理论曲线吻合较好，表明在对有覆土层的充液管道进行缺陷监测时，模态选取中衰减曲线是一个重要的选取标准。

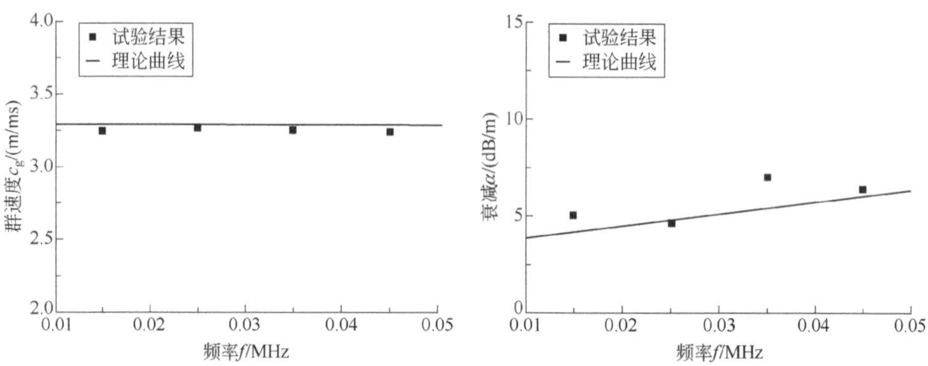


(a) 群速度 (b) 衰减

**图 6.21 覆土厚度 0.3m 管道中 T（0,1）模态群速度和衰减频散曲线**

图 6.21 给出了激励信号为 5 周期，频率为 25kHz，没有损伤的未充水的空管、充水管和覆土深度为 0.3m 的充水管道中所接收到的波形图。

通过图 6.22 不同工况条件下管道中所接收到回波信号对比可以得到，在管道充水和充水覆土条件下接收到的波形整体并没有发生明显变化，没有发生明显的波形频散，前面理论分析得到的结论——扭转模态对充液管道中的非黏性液体不敏感也得到了证实。覆土条件下看到接收的信号幅值有了一定的下降，充水、充水覆土幅值分别为空管幅值 3.25%和 1.5%。同时从图 6.22 中可以看到，充水管道出现了一些杂波，覆土充水管道杂波现象更为严重，判定为覆土以后超声波在土中的散射，会对结构损伤的判读会带来一些影响。

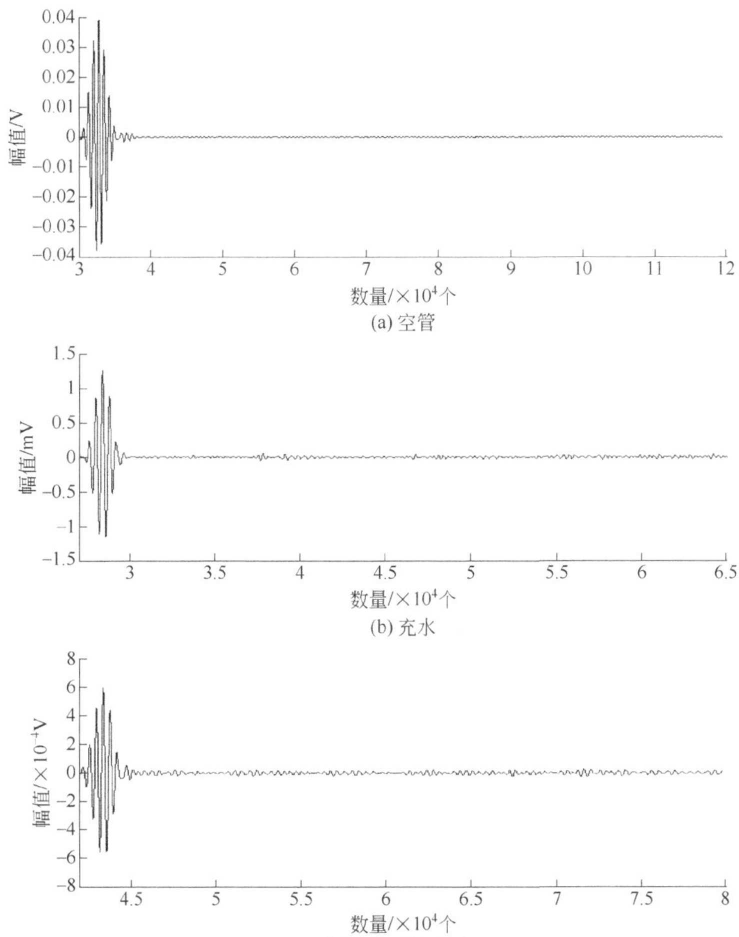


**图 6.22 不同工况下无损管道接收到的时域波形**

如图 6.23 所示为充水管道在轴向裂纹宽度为 60mm，不同覆土深度的埋地管道在不同激励频率下的监测结果。可以看出：随着激励频率的增加（15kHz、25kHz、35kHz 及 45kHz），T(0,1)波的衰减随激励频率的增加而增加，同时随着覆土厚度增加而显著增加，在管道上没有覆土的条件下，波的衰减要比有覆土条件下小得多。

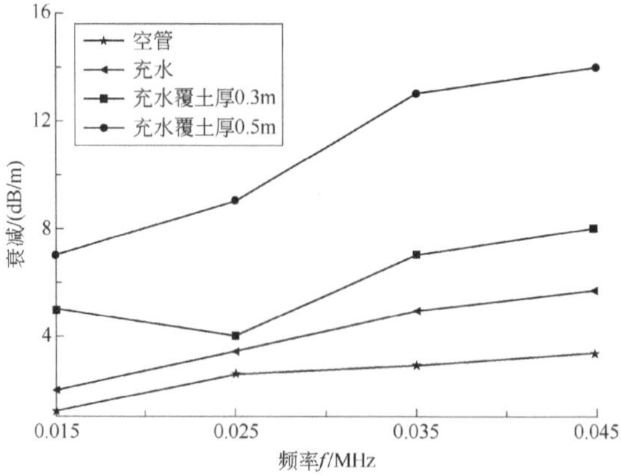


图 6.23 不同激励频率不同工况信号的衰减

### 6.4.4 时间反转结果及分析

对带有轴向裂纹长度分别为 60mm 与 120mm 的管道（充水，覆土深度为 0.5m），利用 20 个接收器采集监测信号并进行时间反转处理。在反转过程中，信号取点率 $v$=0.015，与周向裂纹时间反转采取同样的办法，在观测节点上提取轴向位移时程曲线，采取 Butterworth 带通滤波方法滤波后的叠加信号，得到时间反转导波监测结果，如图 6.24 所示。

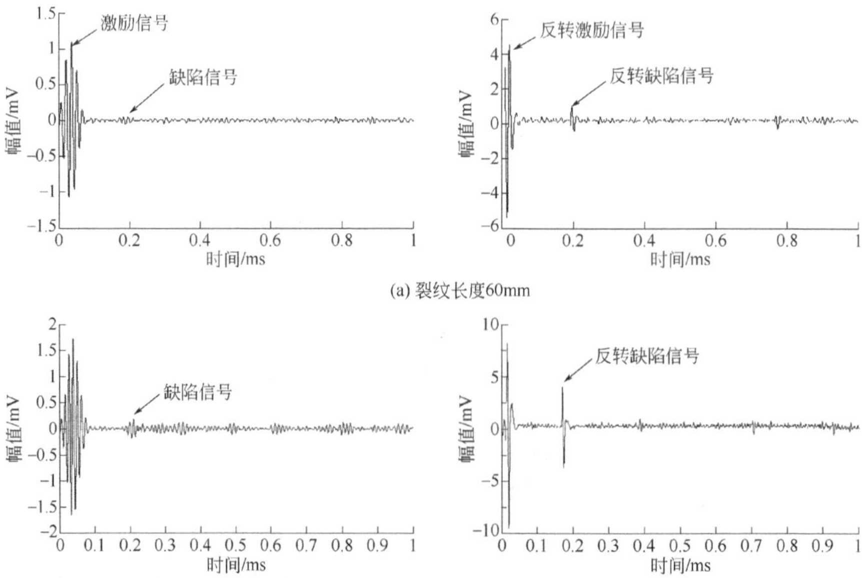


(a) 裂纹长度60mm

(b) 裂纹长度120mm

图 6.24 直接监测信号和时间反转信号对比（覆土深度 0.5m，$v$=0.015）

从图 6.24（a）与（b）对比可以看出，激励 T(0,1)模态导波后，接收到的信号中不仅含有入射波和末端反射波，而且还有表征裂纹的缺陷回波。再取平均值后的叠加信号，经过时间反转以后可以看到信号的反射系数有了明显的增大。从图 6.25 可以看出，随着裂纹轴向尺寸的增大，时间反转得到的信号的反射系数也逐渐增大，同时噪声得到了一定的抑制。可以得出结论：扭转模态对管道中的轴向裂纹具有一定的敏感性。

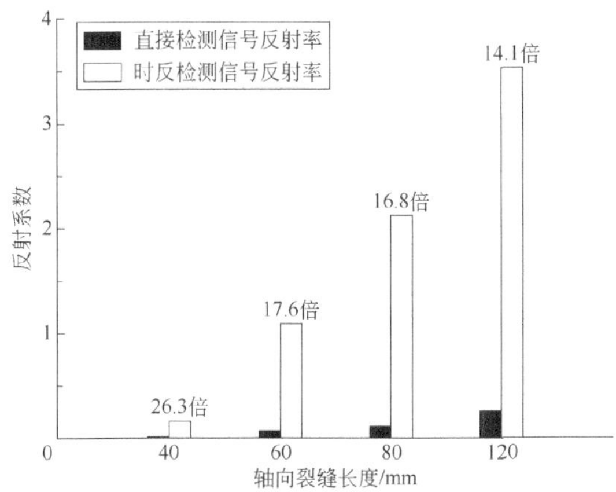


**图 6.25　裂缝长度与反射系数关系曲线**

经过时间反转处理以后，各种充液埋地管道工况下，缺陷反射回波波包幅值明显得到不同程度的放大，而噪声信号并没有相应放大，与前面有限元分析和空管监测的结论相同。相应地，缺陷反射幅值也得到显著提高，缺陷反射系数均获得明显的增大，表明在充液埋地的这种工况下，对于小缺陷识别能力，导波时间反转这种监测方法更体现出独特的优势。

采用多个传感器激励信号与单一传感器接收回波信号的方法，可以发现回波信号在管道周向分布并不一致，根据这种分布规律，对管道缺陷在周向进行定位提供一种新的方法。如图 6.26 所示是回波信号的圆周分布，可以明显看出，接收信号回波幅值在管道圆周方向以缺陷为中心呈对称分布，幅度最大处对应缺陷在圆周方向上的位置，这种有规律的特性可以用于管道缺陷的位置的确定。从图 6.26（a）和（b）都可以明显看出，时间反转技术由于对回波信号有明显的聚焦放大作用，所以在回波幅值圆周分布中强化了这一特征。

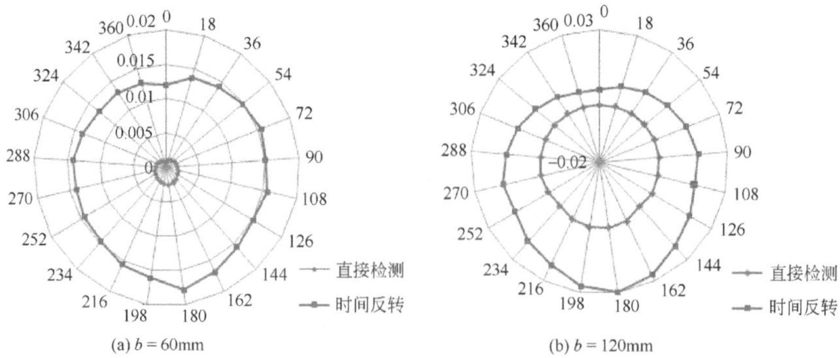


**图 6.26 回波信号的圆周分布（见彩插）**

T(0,1)扭转模态导波对管道上的轴向缺陷比较敏感，能获得有效的监测信号，并能对单缺陷进行定位，回波信号中存在模态转换现象，产生 F(1,2)模态导波。充水管道会出现一些杂波，覆土充水管道杂波现象更为严重，可能是由覆土以后超声波在土中的散射造成的，会对结构损伤的判读会带来一些影响。在激励频率的增加的情况下，T(0,1)波的衰减随激励频率的增加而增加，同时随着覆土厚度增加而显著增加。在管道上没有覆土的条件下，波的衰减要比有覆土条件下小得多。回波信号的最大幅度在圆周上以缺陷处为中心向两侧对称分布，缺陷所对应的圆周位置回波信号幅度最大。本结论可以指导实际监测中的缺陷周向定位。

## 6.5 基于纵向导波的弯管焊缝监测

目前，很多学者对直管中超声导波的传播规律的研究较多，然而管道通常要通过一些弯管连接成不同的形状，因此弯管的监测也是管道健康监测的一个重要部分。弯曲管道由于结构和直管的不同的变化，影响超声导波在管道中的传播。一些学者对 L(0,2)模态在管道弯曲部分中的传播规律进行了研究，但其研究基本都是围绕空管进行的，对于载液埋地管道研究较少，本书在管道埋地充液条件下做一些试探性的试验研究。

### 6.5.1 理论分析

管道中的弯管部分在分析的时候可看作环形结构。超声导波在环形传播时的复杂性是因为 Helmdtz 微分方程不可分离。但是通过分析激励模态经弯管前后的变化，可以推断出弯曲管处对该模态传播的影响，得到导波在弯管中的传播特性。

当轴对称模态导波通过弯管时，由于弯管在弯曲方向的不对称会使导波出现模态转换现象。如图 6.27 所示，对于经常用作激励信号的轴对称模态信号 L(0,2)，在弯管的一端被激励出后，在弯管中转化为两部分，定义为 A 模态和 B 模态，传导过弯管以后时通常转换为弯曲模 F(1,3)和 F(2,3)，这是由于这三种模态沿管壁传播时位移具有相似性。但 L(0,2)模态经弯头后，又转换为 F(1,3)和 F(2,3)模态，经过测试发现 F(2,3)模态幅值要比 L(0,2)和 F(1,3)模态的幅值小得多，对于管道损伤来说意义不大，因此在分析管道损伤时，F(2,3)模态不考虑。

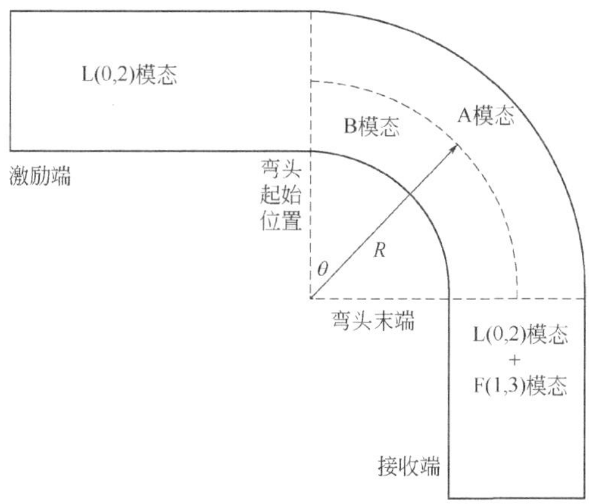


**图 6.27　在带弯头的管道中对传播模态的分析**

在接收端 B 接收到的经过弯管部分的 L(0,2)模态是两个信号叠加的结果，即

$$L(0,2)=L(0,2)^1+L(0,2)^2$$

$L(0,2)^1$ 是由 A 模态转换而来的，$L(0,2)^2$ 是由 B 模态转换而来的。两个模态在管道中传播长度不同导致两个 $L(0,2)$ 分量会产生不同的时间延迟，两模态叠加时会导致波包的峰值有交错的情况，影响叠加的效果。一般情况下，弯管的半径都不是很大，$L(0,2)^1$ 模态和 $L(0,2)^2$ 模态在弯曲部分传播的长度相差不是很

大，对 $L(0,2)$ 模态两部分分量的叠加不会产生太大影响。

如图 6.28～图 6.30 是激励频率为 70kHz 时各模态的归一化位移情况，可以看出各模态的轴向位移均远大于径向位移，表明这三个模态主要是沿管道的轴向传播。可以得出结论：在进行信号激励的时候，采用轴向激励的效果要好于径向激励，这也与第 2 章的相关分析结论一致。

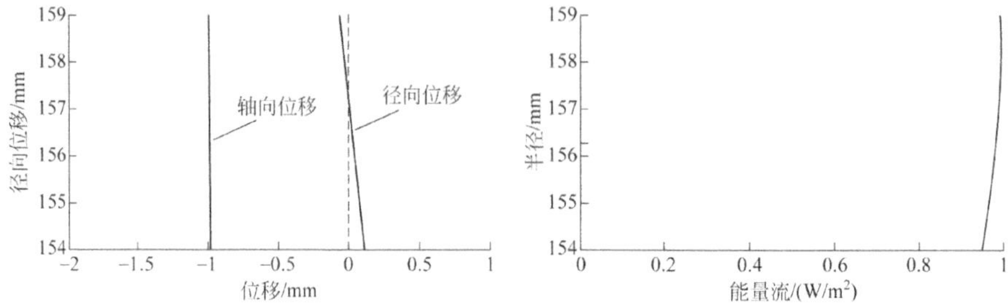


图 6.28　频率为 70kHz 的 L(0,2)模态时的径向位移和轴向位移

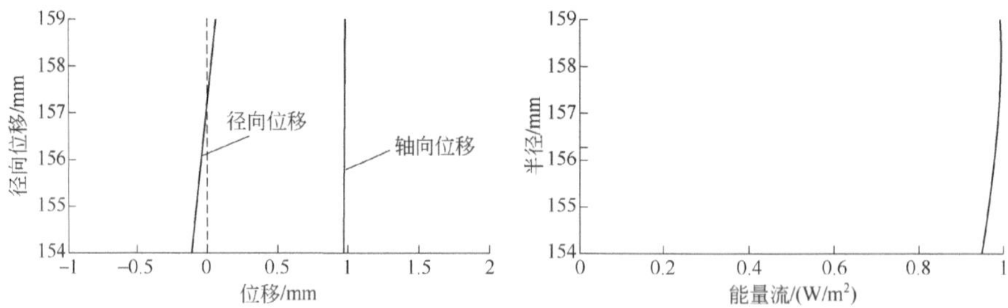


图 6.29　频率为 70kHz 的 L(2,3)模态时的径向位移和轴向位移

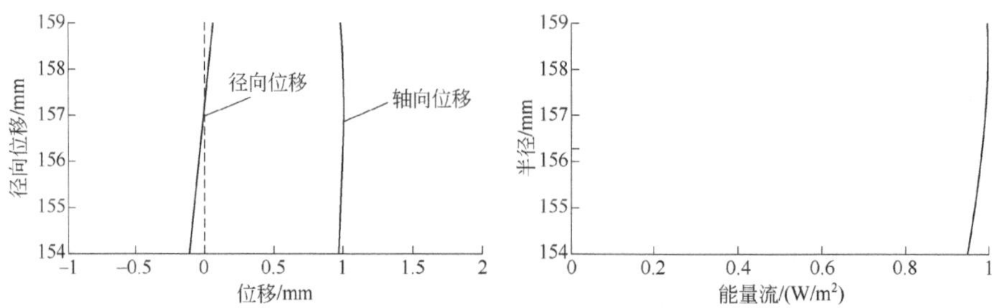


图 6.30　频率为 70kHz 的 L(1,3)模态时的径向位移和轴向位移

### 6.5.2 试验系统

本试验所用弯管是在钢材市场购得成品弯头，弯头布置在两根直管的中间，具体布置如图 6.31 所示。弯管材质为不锈钢无缝钢管。直管 *AB* 段长 3.5m，*CD* 段长 5m（PZT 压电陶瓷片中心距

离），*BC* 段为成品弯头，弯曲角度为 90°，弯头中心线曲率半径 *R*=23.8mm，*B* 点与 *C* 点为焊缝，所有管道外径为 159mm，壁厚为 4.5mm。在本试验中选用的压电陶瓷片均为长度伸缩型，具体材料参数同表 6.1，压电陶瓷片尺寸为 12mm×6mm×0.5mm。每根弯管端部周向均匀布置 20 片，用 502 胶直接粘贴在管道上，传感器在管道圆周方向均匀分布，因而极大地抑制了 F(弯曲)模态的产生，*A* 端和 *D* 端均可作为激励端，也可以作为接收端。

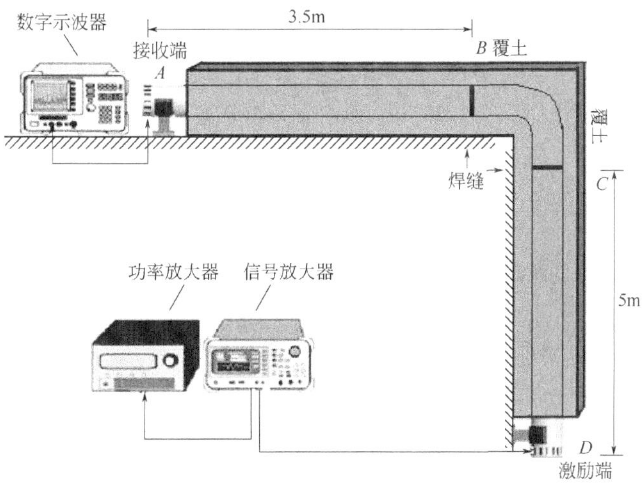


**图 6.31　具有弯头管道的焊缝监测试验装置**

选用的激励信号为经 Hanning 窗调制的 5 个振荡周期、中心频率为 70kHz 的 L(0,2)模态单音频脉冲信号，该信号由任意波形发生器产生，激励幅值为 20vpp，脉冲间隔为 2ms。激励频率的周期相对较少的单音频信号有利于对信号的识别，可以减少接收信号产生的波形叠加现象，有利于接收信号的识别，进而能更准确地得到从端部反射回来的 L(0,2)模态幅值。同时选用中心频率为 25kHz 的信号作为对比信号，来验证理论分析的正确性。

### 6.5.3　试验结果与分析

本次试验中，分别对空心弯管、充液弯管、埋地弯管三种工况进行了监测，监测频率分别的 70kHz 和 25kHz。监测方法采用端部激励和端部接收。试验中采集波形时，为方便观察导波传播的时间，已经将入射信号峰峰值处的时间值设为原点，故从图 6.32 和图 6.33 观察到的波峰所对应时间即为导波传播时间。

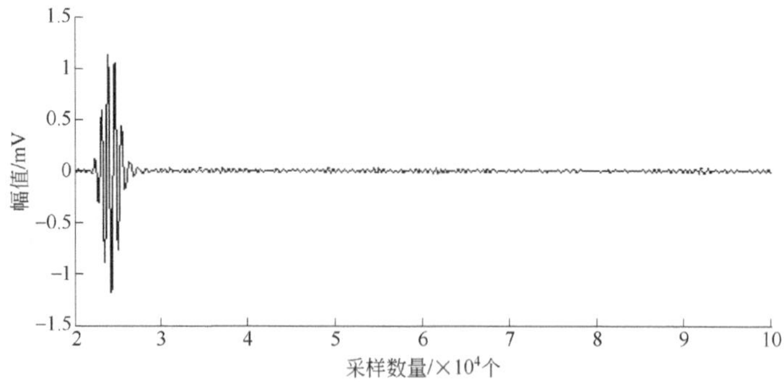

(a) 空心弯管直接监测信号

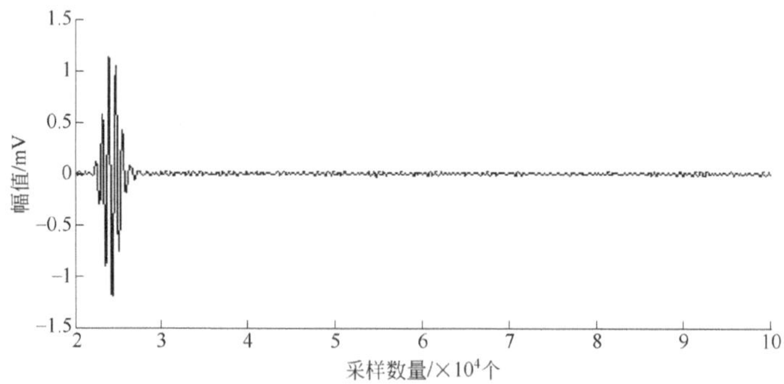

(b) 充液弯管直接监测信号

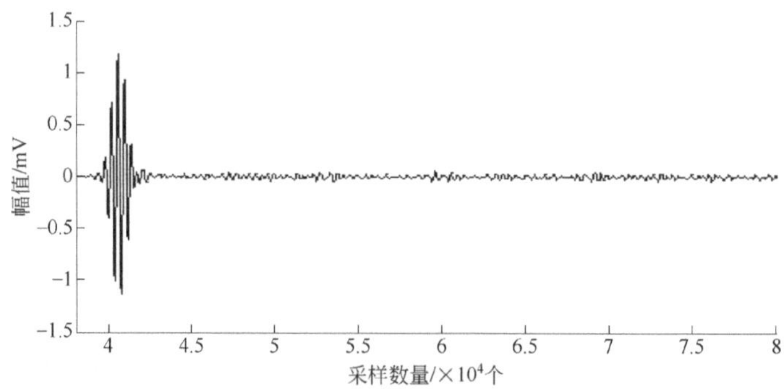

(c) 充液埋地弯管直接监测信号

**图 6.32　不同工况弯管信号比较（一）**

根据直管频散曲线分析可以得：当激励频率为 25kHz 时，可以确定其激励模态是 L(0,3)模态；激励频率为 70kHz 时是 L(0,2)模态；根据图 6.32 和图 6.33 导波在管道中传播的时程曲线可以看出，不同模态的导波对管道中缺陷的监测效果是不同的。

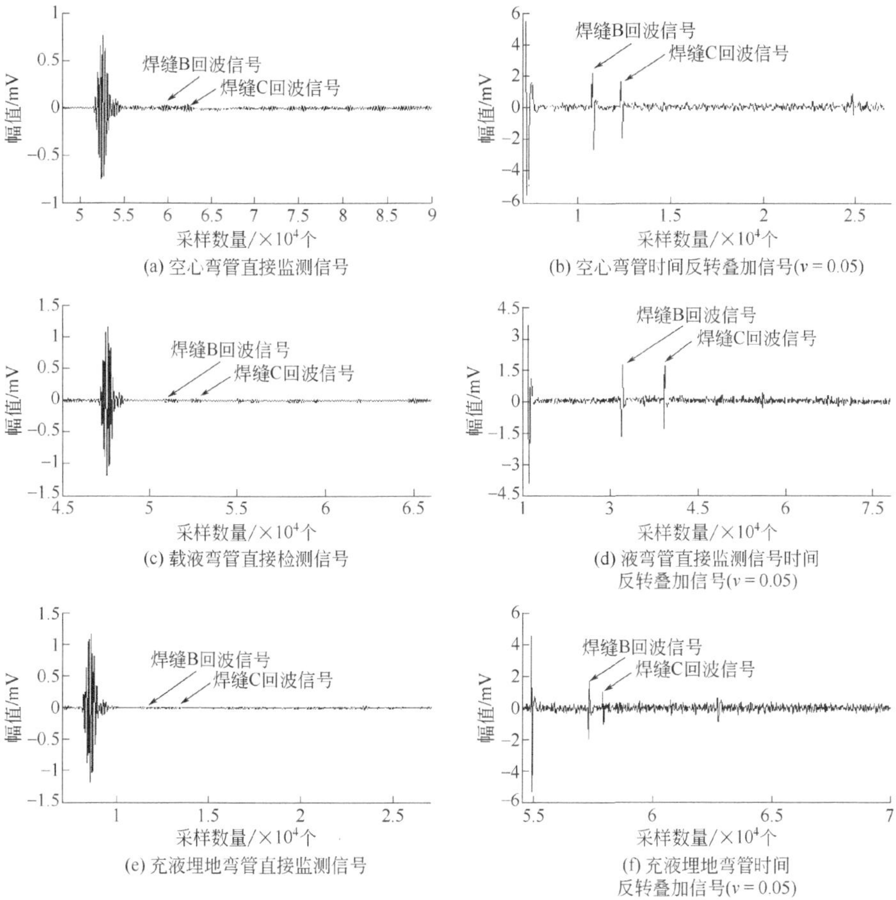


(a) 空心弯管直接监测信号　(b) 空心弯管时间反转叠加信号($v=0.05$)

(c) 载液弯管直接检测信号　(d) 液弯管直接监测信号时间反转叠加信号($v=0.05$)

(e) 充液埋地弯管直接监测信号　(f) 充液埋地弯管时间反转叠加信号($v=0.05$)

**图 6.33　不同工况弯管信号比较（二）**

如图 6.32 所示，在激励频率为 25kHz、模态 L(0,3)的超声导波的激励下，在不同工况下，其得到的监测叠加信号中只含有入射波包和末端反射波包，很难发现表征管中存在缺陷的回波，因此该模态对管中存在的周向缺陷不敏感。

对在 D 端激励的直接监测信号进行时间反转处理，采用的信号取点率为 $v$=0.05。在接收端 A 各传感器上分别激励经过时间反转处理的信号，并在各监测点上分别提取提时间反转监测轴向位移时程曲线，然后对信号进行相应的叠加得到时间反转后的监测信号，直接监测信号和时间反转信号结果如图 6.32 所示。

如图 6.33（a）（c）（e）所示为不同工况下经过滤波后的直接监测信号，从图中可明显看到焊缝 B 和 C 的反射回波。在入射信号之后，出现 1 个清晰的焊缝回波，随后有一些杂波，之后又出现另一个同样清晰的缺陷回波。由图 6.33（b）（d）（f）可见，由于焊缝 C 的存在，焊缝 B 的回波幅值明显减小。这说明当波传播至缺陷 C 时，部分能量被反射；当波传播至缺陷 B 时，能量已经减弱。

根据 6.2 部分分析得到的数据，同等工况和激励频率的条件下弯管的反射系数明显小于直管的反射系数，在其他条件相同的条件下弯管的反射系数甚至只有直管反射系数的一半。根据前面的理论分析和试验可以得出结论，L(0,2)模态超声导波穿过弯管部产生了一定程度的模态转换，形成新的模态，使得 L(0,2)模态在弯管中传播的幅度相应降低。经过时间反转后得到的结果对比直接检测信号可以看出，缺陷反射回波信号幅值明显得到不同程度的放大，相应的缺陷反射系数也得到显著的提高。直接检测和时间反转后检测信号在缺陷处反射系数的比较结果如图 6.34 所示。

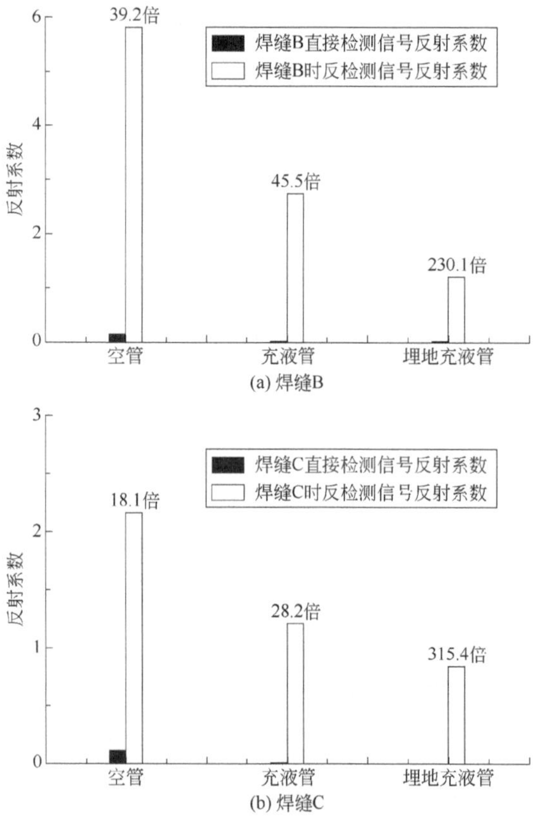


图 6.34 不同工况反射系数关系

在不同工况下，时间反转聚焦的效果是不同的。随着工况从空管、充液和埋地充液三种状态的逐渐变化，时间反转放大倍数越来越大。对于空管焊缝 B、C，时间反转放大倍数分别为 39.2 倍和 18.1 倍，充液条件下分别为 45.5 倍和 28.2 倍，在埋地充液条件下分别达到了 230.1 倍和 315.4 倍。经过时间反转法作用后，监测信号中缺陷反射系数会得到更大的放大倍数。最小的空管的放大倍数也能达到 18.1 倍以上，由于实际的埋地管道外部噪声、管内液体和覆土的影响，使得信号的衰减比空心管道要大得多，使损伤信号的幅值的聚焦效果没有空心管道的结果理想，同时缺乏多通道的信号发射设备进而采用单独激励再叠加的方法获得的缺陷波包幅值，也是一个重要因素。

## 6.6 本章小结

本章对超声导波在管道充液埋地状态下的传播特性进行了初步分析，并研究根据频散曲线和试验验证了不同模态导波的频散情况和信号衰减的特性。采用导波时间反转技术对埋地充液管道不同种类的裂纹进行了监测，验证了理论分析得到的结论，为将超声导波无损监测技术应用在实际工况下管道结构健康评价提供一定的理论和试验依据，得到以下结论。

① 在不同工况下，时间反转聚焦效果是不同的，随着工况从空管、充液和埋地充液三种状态的逐渐变化，时间反转放大倍数越来越大。

② 管道埋地充液以后，噪声的影响因素更为突出，时间反转法能体现出更大的优势，同时会在一定程度上抑制模态转换和噪声的影响。

③ 同等工况和激励频率的条件下，弯管的反射情况要比直管复杂，在弯管部分，模态进行了分解。在弯管连接部分检测到的焊缝反射系数明显小于直管裂纹的反射系数，说明当管道出现弯头时，激励模态在弯管部分传播时产生模态分解和模态转换，使得激励模态的幅值在传播的过程中相应降低。

# 第 7 章　结论与展望

## 7.1 结论

① 超声导波时间反转处理方法可以使得复杂的信号实现聚焦或重建，这对于在利用超声导波对管道结构进行裂纹监测研究中解决信号复杂度高、分析难度大等问题提供了一个新的方法。

理论和试验可以得出结论：传感器数量越多，聚焦的幅值就越大，聚焦效果越明显；噪声影响越大，信号复杂程度越高，聚焦的效果越明显。

② 窄带激励下的结构响应信号模式相对简单，可以作为超声导波对管道进行裂纹监测的激励信号。

确定了合理选择信号激励频率的四个原则，可以产生某单一模式为主传播速度最快的窄带超声导波激励信号，其传播过程相对简单，信号波包频散相对比较小，时间反转聚焦对于缺陷的二次波源聚焦效果比较好。

③ 数值模拟结果表明超声导波在缺陷处不但发生反射和透射现象，而且还会发生模态转换，其转换的模态多为弯曲模态，转换模态对监测信号的识别有较大的影响。

含有周向裂纹管道结构的数值模拟结果表明：导波在缺陷处发生反射和透射现象，同时还会发生模态转换，其转换的模态多为弯曲模态。对含轴向裂纹管道数值模拟结果表明：T(0,1)模态能有效监测出管道中所存在的轴向裂纹，并且可以通过在管道端部施加圆周切向位移荷载产生 T(0,1)模态的导波。对含有斜裂纹管道数值模拟结果表明：裂纹与母线夹角越小，发生模态转换的现象越严重。

④ 时间反转方法可使时间反转激励信号中的多个导波模态同时到达缺陷处，使监测能量增加，对小缺陷的监测能力增强。

当激励的导波能量相当时，时间反转导波监测方法获得的信号中缺陷回波的幅值将比直接导波监测方法获得的大，即利用时间反转方法在时间和空间上的聚焦效应，一方面可使时间反转激励信号中的多个导波模态同时到达缺陷处；另一方面将原本分散在管道截面的能量汇聚于缺陷位置，使监测能量增加，因此对小缺陷的监测能力增强。

⑤ 缺陷造成的模态转换现象和时间反转信号取点率是决定时间反转聚焦效果重要因素。

当管道参数、缺陷特征以及时间反转信号截取起点相同时，随着取点率的增大，缺陷反射系数相应增大；当管道参数、时间反转信号取点率保持不变时，缺陷反射系数增大的程度则取决于缺陷的特征，即缺陷造成的模态转换现象越严重，反射系数被增大的倍数越多。

⑥ 不同模态的超声导波对不同类型的裂纹的敏感程度不同，在检测不同类的裂纹时激发不同模态的导波可以对不同类型的裂纹进行评价。

在对周向裂纹管道的试验研究中发现，裂纹的损伤程度与其占管道截面面积比基本上呈线性关系。对轴向裂纹管道的试验结果表明：L(0,2)模态对轴向裂纹不敏感，很难通过激励纵向模态信号监测出管道是否含有轴向缺陷，但通过施加剪切位移荷载产生的 T(0,1)模态能有效地监测出管道中存在的轴向缺陷。对含有斜裂纹管道进行试验研究的结果表明：裂纹与管道母线夹角增大时，缺陷回波幅值和反射系数随之增大，判断缺陷位置的误差减小。

⑦ 在空管中超声导波经时间反转处理后，无论对于周向裂缝、轴向裂缝还是斜向裂缝，缺陷反射系数都比直接导波监测方法有所增大，说明时间反转方法有利于小缺陷的监测。

在信号中出现的许多其他模态的波包，会对信号的判读造成一定影响。这与数值模拟得到的分析结果是相一致的。在管道参数等条件相同的前提下，模态转换现象越严重，时间反转法越能在更大限度上提高原有导波缺陷监测的能力。

⑧ 管道在充液埋地的工况下，超声导波时间反转方法可以显著提高对管道的微小裂纹，包括非通透裂纹的监测能力。

管道在充液埋地状态下，导波的能量衰减显著降低了其监测范围和缺陷监测灵敏度，为了使导波监测技术在地下管线的裂纹检测中有更好的应用，必须对监测方法进行改进。经过对超声导波时间反转处理以后，各种充液埋地管道工况缺陷反射幅值明显得到不同程度的放大，相应地，缺陷反射系数也得到显著的提高。

## 7.2 创新点摘要

① 推导出超声导波的时间反转聚焦基本公式，对窄带激励信号激励下的超声导波信号聚焦进行了理论分析和试验研究。

结果表明：管道中传播的导波经过时间反转再接收得到的信号有明显的特征，在时间上分为两部分：第一部分为主波峰，该波峰是各监测信号的聚焦，同时管道上各传感器接收到的导波其他模式也在此聚焦，因此该波峰的幅值要显著大于其他的波峰；第二部分为旁瓣波峰，由于噪声信号出现的不规律性导致各信号旁瓣出现时间不相同，同时传感器阵列位置各不相同，叠加效果不明显，甚至会互相抵消。主波峰幅值的明显增大对于管道结构裂纹损伤监测具有重要的实际意义。

② 对超声导波不同模态在空管中各种裂纹的敏感性进行了理论分析和试验验证。

结果表明：导波在缺陷处，不但发生反射和透射现象，而且还会发生模态转换，其转换的模态多为弯曲模态；超声导波信号经时间反转处理再激励后，无论对于周向裂缝、轴向裂缝还是斜裂缝，缺陷反射系数较直接导波监测方法都有所增大，说明时间反转方法有利于小缺陷的监测。与此同时，在信号中出现了许多其他模态的波包，会对信号的判读造成一定影响。在管道参数等条件相同的前提下，模态转换现象越严重，时间反转法越能在更大限度上提高原有导波缺陷监测的能力。

③ 根据三维弹性波动理论，通过在土中波的标量势中引入第二类 Hankel 函数，对管道-土体系中的导波传播的波动方程进行求解。

利用 Hankel 函数的渐进性对管道-土体系中的导波传播的波动方程进行求解，从而可以进一步求出管道在埋地充液条件下的频散曲线，为进一步的试验和实际应用打下了理论基础。经过试验和理论分析验证了超声导波时间反转方法在充液埋地管道结构健康监测中的有效性。理论和试验结果表明：超声导波信号经过时间反转处理再激励以后，充液埋地管道在不同的工况下缺陷反射幅值和直接检测信号缺陷反射幅值相比明显得到不同程度的放大，相应地，缺陷反射系数也得到显著的提高，因而得到结论：管道在充液埋地的工况下，超声导波时间反转监测方法可以显著提高对管道裂纹尤其是小缺陷的监测能力。

## 7.3 展望

本书利用超声导波时间反转法对管道结构裂纹的监测进行了系统而比较深入的研究，取得了一些成果。但由于笔者的水平、研究时间和试验仪器有限，本书的研究工作尚处于探索阶段，为使该项研究成果早日应用于实践，笔者认为还需要在以下几方面做进一步的研究和探讨。

（1）对该试验系统采集数据的稳定性进行研究

虽然本书对此开展了一定的研究，但是本书的试验工作周期性较短，同时温度、湿度等环境指标变动很小。在实际野外检测过程中经历的环境变化很大，在这种情况下，研究传感器长期采集数据波动规律从而更精确地增加监测精度，对开展管道结构的长期监测具有十分重要的实践意义。

（2）对含有保护层的充液管道开展超声导波时间反转方法应用研究

实际工程中，管道外层多包有保护层，使得管壁成为一个多层的结构，这也使得导波在管壁中的传播更为复杂，对监测信号的处理难度也会增加。另外，被测管道在内部有不同液体的情况下，也会使得信号处理难度增加。时间反转的方法在这样的管道中传播规律还需要进一步的研究。

（3）需要进一步开发出多通道的集信号发射、采集、处理、损伤识别以及对管道结构损伤状态进行评估的结构健康监测系统

时间反转方法运用于导波监测时，需要采用多通道同时激励各不相同的时间反转激励信号，对监测装置有较高要求；本书的研究过程中受试验仪器所限，时间反转法并没有完全发挥效果，所以针对现役的各种管道健康监测的特点，进一步开发出多通道的集信号发射采集与处理、损伤识别以及对管道结构损伤状态进行评估的结构健康监测系统，对于时间反转技术进一步应用于实际工程具有重要的实际意义。

总之，本课题的许多问题还需进行进一步的研究，需要进行大量的试验验证和理论研究。衷心希望本课题的诸多问题在今后的研究中能够得到解决，在管道监测方面取得更多的研究成果。

# 主要符号表

| 符号 | 代表意义 | 单位 |
| --- | --- | --- |
| $f$ | 频率 | kHz |
| $u$ | 质点振动的位移 | m |
| $k$ | 波数 | — |
| $\omega$ | 角频率 | rad/s |
| $c_g$ | 群速度 | m/s |
| $c_p$ | 相速度 | m/s |
| $u_r$ | 径向位移分量 | m |
| $u_z$ | 轴向位移分量 | m |
| $u_\theta$ | 周向位移分量 | rad |
| $c_L$ | 纵波波速 | m/s |
| $c_T$ | 横波波速 | m/s |
| $\mu$ | 材料的 Lame 常数 | — |
| $\lambda$ | 材料的 Lame 常数 | — |
| $U$ | 位移 | m |
| $\phi$ | 膨胀标量势函数 | — |
| $H$ | 等容矢量势函数 | — |
| $\varDelta$ | 体积膨胀率 | — |
| L（0，$m$） | 轴对称纵波 | — |
| T（0，$m$） | 轴对称扭转波 | — |
| F（n，$m$） | 非轴对称弯曲波 | — |
| $K_P(\omega)$ | 机电耦合系数 | — |
| $G$ | 频率响应传递函数 | — |
| $a_L(r,\omega)$ | 轴对称纵波的信号幅值 | v |
| $r_i$ | 第 $i$ 个传感元件到驱动元件<br>压电常数（d33） | m |
| $F$s | 谐振频率 | kHz |
| $d$ | 聚焦增益 | dB |

续表

| 符号 | 代表意义 | 单位 |
|---|---|---|
| $E$ | 弹性模量 | GPa |
| $\nu$ | 泊松比 | — |
| $\rho$ | 密度 | $g/cm^3$ |
| $\lambda$ | 波长 | m |
| $V_g$ | 模态的最大群速度 | m/s |
| $f_c$ | 信号的中心频率 | kHz |
| $f_{lowpass}$ | 低通截止频率 | kHz |
| $f_{highpass}$ | 高通截止频率 | kHz |
| $R_{mean}$ | 钢管平均半径 | m |
| $v_0$ | 杆速度 | m/s |
| $v_p$ | 板中纵波速度 | m/s |
| $v$ | 采点率 | — |
| RMSD | 损伤指标 | — |
| $x_{a,i}$ | 损伤后信号幅值 | — |
| $x_{b,i}$ | 健康信号幅值 | — |
| $\delta$ | 接收距离 $L$ 和缺陷深度 $d$ 的比值 | — |
| $a$ | 管道内径 | m |
| $b$ | 管道外径 | m |
| $U$ | 位移场 | — |

# 参考文献


[1] 臧铁军，臧天红．我国管道运输的发展概况[J]．管道技术与设备,1998（4）: 1-4.

[2] 黄松龄，李路明，张家俊．在役管道漏磁检测装置的研制[J]．无损检测,2009,21（8）：344-375.

[3] 陈积懋．管道无损检测与评价技术[J]．状态检测与分析,2007,18(1）: 59-62.

[4] 范弘等．钢管漏磁检测的新方法[J]．钢铁研究学报, 2000, 12(6): 50-54.

[5] 冉启芳．无损检测方法的分类及其特征简介[J]．无损检测,1991, 21（2）: 75-80.

[6] 陈华波,涂亚庆．输油管道泄漏检测方法综述[J]．工管道技术与设备，2000, 22（1）：38-41.

[7] 何存富,吴斌,范晋伟．超声柱面导波技术及其应用研究进展[J]．力学进展,2009,3（2）：209-214.

[8] Lamb H. On waves in an elastic plate [M]. London: Proc.Royal soc, 1917, A93: 114-152.

[9] Chree C. Longitudinal vibrations of a circular bar [J]. Quarterly Journal of Mathematics, 2010, 21: 287-298.

[10] Lin T C, Morgan G W. A study of axi-symmetric vibrations of cylindrical shells as affected by rotatory inertia and transverse shear [J]. Journal of Applied Mechanics, 1956, 78: 255-261.

[11] Naghdi P M, Cooper R M. Propagation of elastic waves in cylindrical shells, including the effects of ransverse shear and rotatory inertia [J]. Journal of the Acoustical Society of America, 1956, 28(1): 56-63.

[12] Cooper R M, Naghdi P M. Propagation of nonaxially symmetric waves in elastic cylindrical shells[J]. Journal of the Acoustical Society of America, 1957, 29: 1365-1373.

[13] Ghosh J. Longitudinal vibrations of a hollow cylinder [J]. Bulletin of the Caleutta Mathematical Society, 1923, 24(4): 31-40.

[14] Gazis D C. Exact analysis of the plane-strain vibrations of think-walled hollow cylinders [J]. Journal of the Acoustical Society of America, 1958, 30: 786-794.

[15] Gazis D C. Three-dimensional investigation of the propagation of waves in hollow circular cylinders I [J]. Journal of the Acoustieal Society of America, 1959, 31: 568-573.

[16] Gazis D C. Three-dimensional investigation of the propagation of wave inhollow cireular cylinders.II. Numerical results [J]. Journal of the Acoustical Society of America, 1959, 31: 573-578.

[17] Armenakas N A, Gazis D C, Hemnann G. Free vibrations of circular cylindrical shells [M]. Oxford: Pergamon Press, 1969: 23-59.

[18] Ditri J J, Rose J L. Excitation of guided wave modes in hollow cylinders by applied surface tractions [J]. Appl.Phys, 2002, 72(7): 2589-2597.

[19] Alleyne D N, Cawley P. The interaction of lamb wave with defects[J]. IEEE Transaction on Ultrasonics, Ferroelectrics and Frequency Control, 1992, 39(3): 381-397.

[20] Rose J L, Zhang W, Cho Y. Boundary element modeling for guided wave reflection and transmission factor analyses in defect classification[J]. IEEE Ultrasonics Symposium, 2008, 1: 885-888.

[21] Cho Y, Rose J L. A boundary element solution for amode conversion study on the edge refletion[J]. The Journal of the Acoustical Society of America, 1999, 359: 2097-2109.

[22] Zhao X, Rose J L. Boundary element modeling for defect characterization potential in a wave guide [J]. International Journal of Solids and Structures, 2003, 40: 2645-2658.

[23] Zhao X, Rose J L. Three-dimensional boundary element modeling for guided waves scattering from a defect [J]. Review of Quantitative Nondestructive Evaluation, 2004(23): 134-141.

[24] Fitch A H. Observation of elastic pulse propagation in axially symmetric and nonaxially symmetric longitudinal modes of hollow cylinders[J]. Journal of the Acoustical Society of America, 1963, 35: 706-707.

[25] Silk M G, Bainton K F. The propagation in metal tubing of ultrasonic wave modes equivalent to waves[J]. Ultrasonics, 1979, 17(1): 11-19.

[26] Brook M V, Ngoc T D K, Eder J E. Ultrasonics inspection of steam generator tubing by cylindrical guided waves[J]. Review of Progress in Quantitative Nondestructive Evaluation, 1980, 9: 243-249.

[27] Alleyne D N, Cawley P. The interaction of Lamb waves with defects[J]. IEEE Trans UFFC, 1992, 39(3): 381-397.

[28] Alleyne D N, Cawley P. The excitation of Lamb waves in pipes using dry-coupled piezoelectric transducer[J]. Journal of Nondestructive Evaluation, 1996, 15(1): 11-20.

[29] Alleyne D N, Lowe M J S, Cawley P. The inspection of chemical plant pipework using Lamb waves: defect sensitivity and field experience[J]. Review of Progress in Quantitative Nondestructive Evaluation, 1996, 15: 1859-1866.

[30] Cawley P, Alleyne D. The use of Lamb waves for the long range inspection of large structures[J]. Ultrasonies, 1996, 34: 287-290.

[31] Alleyne D N, Cawley P. Long range propagation of Lamb waves in chemical plant pipework[J]. Material Evaluation, 1997, 53(4): 504-508.

[32] Lowe M J S, Alleyne D N, Cawley P. Defect detection in pipes using guided waves[J]. Ultrasonies, 1998, 36: 147-154.

[33] Alleyne D N, Lowe M J S, Cawley P. The reflection of guided waves from circumferential notches in pipes[J]. Journal of Applied Mechanics, 1998, 65: 635-641.

[34] Alleyne D N, Pavlakovic B, Lowe M J S, et al. Rapid long-range inspection of chemical plant pipework using guided waves[J]. Insight, 2001, 43(101): 93-96.

[35] Cawley P. Practical long range guided wave inspection-applications to pipes and rails [C/OL]. (2001, 12, 19)[2002,04,15].http://www. nde2002.org.

[36] Lowe M J S, Alleyne D N, Cawley P. Mode conversion of guided waves by defects in pipes [J]. Review of progress in Quantitative Nondestructive Evaluation, 1997, 16: 1261-1268.

[37] Alleyne D N, Pavlakovic B, Lowe M J S, et al. Rapid long-range inspection of chemical plant pipework using guided waves [J]. Insight, 2012, 43(101): 93-96.

[38] Moon Ho Park, In Sup Kim, Young Ku Yoon.Ultrasonic inspection of long steel pipes using Lamb waves [J]. NDT&E International, 1996, 29(1): 13-20.

[39] Rose J L, Zhao Xiaoliang. Flexural mode tuning for pipe elbow testing [J]. Material Evaluation, 2011, 5: 621-624.

[40] Aristegui C, Lowe M J S, Cawley P. Guided waves in fluid-filled pipes surrounded by different fluids [J]. Ultrasonics, 2011, 39: 367-375.

[41] Hyeon Jae Shin, Rose J L. Guided waves by axisymmetric and non-axisymmetric surface loading on hollow cylinders [J]. Ultrasonics, 1999, 37: 355-363.

[42] Rose J L, Li Jian, Zhao Xiaoliang. Ultrasonic guided wave flexural mode tuning for limited access pipe inspection[J]. Quantitative Nondestructive Evaluation, 2002, 20: 164-171.

[43] 刘镇清. 圆管中的超声导波[J]. 无损检测, 1999, 21(12): 560-562.

[44] 他得安, 刘镇清, 田春光. 超声导波在管材中的传播特性[J]. 声学技术, 2000, 20(3): 131-134.

[45] 刘增华, 吴斌, 王秀彦, 等. 带粘弹性包覆层充液管道中的超声导波纵向模态[J]. 声学学报, 2007 , 32(4): 316-322.

[46] 焦敬品, 何存富. 管道超声导波检测技术研究进展[J]. 实验力学, 2002, 17(1): 1-9.

[47] 李衍, 强天鹏. 管道长距离超声导波检测新技术的特性和应用[J]. 无损检测, 2002, 4: 1-5.

[48] 程载斌, 王志华, 马宏伟, 等. 管道应力波检测技术及研究进展[J]. 太原理工大学学报, 2003, 34(4): 426-431.

[49] 何存富, 刘增华,王秀彦. 弯管缺陷超声导波检测的有限元分析[J]. 北京工业大学学报, 2006, 32(4): 289-294.

[50] 刘增华，吴斌，何存富，等. 扭转模态在充水管道缺陷检测的实验研究[J]. 仪器仪表学报. 2006, 27(6): 1587-1589.

[51] 吴斌，邓菲，何存富，等. 基于导波理论的管道缺陷成像研究[J]. 数据采集与处理. 2006, 2l(3): 345-349.

[52] 张伟伟，王志华，马宏伟. 含缺陷管道超声导波检测信号的相关性分析[J]. 暨南大学学报, 2009, 30(4): 269-272.

[53] 孙广开，焦阳，理光海，等. 超声导波管道缺陷检测数值模拟[J]. 河北工业科技, 2010, 27(1): 18-21.

[54] 李睿智，何箭，李亮，等. Ansys 分析在钢管管端检测中的应用[J]. 合肥工业大学学报, 2010, 33(4): 1363-1365.

[55] 王秀彦，孙雅欣，刘增华，等. ANSYS 二次开发技术在弯管缺陷超声导波检测数值模拟中的应用[J]. 无损检测, 2006, 28(4): 413-415.

[56] 何存富，李伟，吴斌. 扭转模态导波检测管道纵向缺陷的数值模拟[J]. 北京工业大学学报, 2007, 33(10): 1009-1013.

[57] 李勇攀，王寅观，赵亚军. 圆管中 SH 周向导波的频散特性[J]. 无损检测,2008,30(10): 719-720.

[58] 禹建功，吴斌，何存富. 周向导波对各向异性圆柱板纵向缺陷检测的有限元模拟[J]. 北京工业大学学报, 2007, 33(5): 567-571.

[59] 李隆涛，何存富，吴斌. 周向导波在空心圆柱体中传播的数值模拟研究[J]. 力学季刊, 2007, 28(4): 286-292.

[60] 刘增华，何存富，杨士明，等. 充水管道中纵向超声导波传播特性的理论分析与试验研究[J]. 机械工程学报, 2006, 42(3): 171-178.

[61] 刘增华，何存富，王秀彦，等. 带粘弹性包覆层充液管道中的超声导波缺陷检测研究[J]. 机械科学与技术,2007,26(6): 687-691.

[62] 刘增华，吴斌，王秀彦，等. 带粘弹性包覆层充液管道中的超声导波纵向模态[J]. 声学学报, 2007, 32(4): 316-322.

[63] 胡广书. 数字信号处理——理论、算法与实现[M]. 北京:清华大学出版社,2000:63-67.

[64] Gazis D C. Surface Elastic Waves in Semiconductors[J]. Journal of Physics and Chemistry of Solids, 1960, 14: 268-270.

[65] Gazis D C. Three-Dimensional investigation of the propagation of waves in hollow circular cylinders. I. analytical foundation[J]. The Journal of the Acoustical Society of America, 1989, 31(5): 568-673.

[66] Fink M. Time reversal of ultrasonic fields-part I: basic principles[J]. IEEE Transaction on Ultrasonics, Ferroelectrivs,and Frequency Contr01, 1989, 39(5): 555-566.

[67] Lkeda C. Guided waves by axisymmetric and non-axisymmetric surface loading on hollow cylinders[J]. Ultrasonics, 1999, 37: 355-363.

[68]魏炜，刘晨，汪承灏. 固体中时间反转法的声束自聚焦[J]. 声学学报，1998, 31（3）: 43-47.

[69] 丁辉. 计算超声学[M]. 北京:科学出版社, 2010: 102-123.

[70] 吴斌, 邓菲, 何存富. 超声导波无损检测中的信号处理研究进展[J]. 北京工业大学学报, 2007,33(4): 342-348.

[71] 邓菲, 吴斌, 何存富. 基于时间反转的管道导波小缺陷检测数值分析[J]. 北京工业大学学报, 2008, 34(7): 673-4577.

[72] Furness R A. Development in pipeline instrumentation [J]. Measurement and Control, 1987, 20: 17-15

[73] 李清迈. 近八年来俄罗斯油气管道重大事故大事记[N]. 石油消息, 1995, 14 (2).

[74] 王迈. 国外油气管道事故分析[J]. 世界石油工业, 1996, 3(12): 45-52.

[75] Yoon M S, et al. Leak detection performance specification[C]. ASME, 1991, 34:21-26.

[76] 陈华波, 涂亚庆. 输油管道泄漏检测方法综述[J]. 管道技术与设备, 2000, 1: 38-41.